2020 年度中国美术学院重高建研创提升计划资助项目成果

何鸿 著

如何读懂敦煌

ZHEJIANG UNIVERSITY PRESS
浙江大学出版社

图书在版编目（CIP）数据

如何读懂敦煌 / 何鸿著 .— 杭州：浙江大学出版
社，2020.11（2025.1 重印）
ISBN 978-7-308-20468-2

Ⅰ.① 如 … Ⅱ.① 何 … Ⅲ.① 敦煌学—艺术—研究
Ⅳ.①K870.6−

中国版本图书馆 CIP 数据核字（2020）第 149046 号

如何读懂敦煌

何　鸿　著

责任编辑　韦丽娟
责任校对　邵吉辰　李瑞雪
封面设计　项梦怡
出版发行　浙江大学出版社
　　　　　　（杭州市天目山路 148 号　邮政编码 310007）
　　　　　　（网址：http ://www.zjupress.com）

排　　版　杭州青翊图文设计有限公司
印　　刷　浙江海虹彩色印务有限公司
开　　本　880mm×1230mm　1/32
印　　张　7.875
字　　数　183 千
版 印 次　2020 年 11 月第 1 版　2025 年 1 月第 8 次印刷
书　　号　ISBN　978-7-308-20468-2
定　　价　68.00 元

何谓敦煌?

敦煌之名,究竟何来?大多数学者倾向于"敦煌"一词源于汉代以前少数民族语言的汉译,如《山海经》中的"敦薨"一词,或是"都货罗(Tokhara)"的音译,或是源于羌语中"朵航"等。都货罗,又称吐火罗,是汉初居于敦煌祁连间的月氏族。《后汉书》记载:"敦,大也;煌,盛也。"出自东汉应劭之言,取盛大、辉煌之意,其诞生时便已怀揣盛大、辉煌的理想了。唐代李吉甫在《元和郡县图志》中言:"敦,大也,以其开扩西域,故以盛名。"

《后汉书》对"敦煌"一词的解释似乎合乎我们的心理预期。那"敦,大也"指的是什么呢?是指土地面积大,还是边疆广袤?"煌,盛也"又指的是什么繁盛呢?是指商业繁荣,还是文化昌盛?敦,在古语中取"厚"之意。《荀子·儒效》中说:"知之而不行,虽敦必困。"在古代,敦也通作"屯",意为驻扎,西汉杨雄在《甘泉赋》中说"敦万骑于中营(皇帝的军营)兮"。而"煌"本意是明亮。《诗经·陈风》言:"明星煌煌。"意指星星明亮的样子。《广韵·唐韵》

言："煌，火状。"新莽时期，敦煌改名为"敦德"，东汉许慎《说文解字》也写作"焰煌""燉煌"。敦煌之名，究竟何意？是否和我们在敦煌感受到的一样，这片土地很耀眼，有沙漠、戈壁、绿洲，有月牙泉、党河、疏勒河，还有一队队远去的商队、驼影和回荡在耳边的驼铃声？总之，只有当我们身处敦煌的时候，才能体悟到那个中西文化的荟萃之地，丝绸之路上耀眼的明珠——敦煌的风采。

一念敦煌，便有如家的感觉！或许，这正暗合德国哲学家黑格尔的一句话："在有教养的欧洲人心中，提到古希腊，就会涌起一种家园之感。"也似乎与游走中国西北考察探险、向往中国文明的瑞典人斯文·赫定（Sven Hedin）一样——斯文·赫定将亚洲腹地的旅行探险称为到"家"："我在每次新的旅行之后对于我们地球最大的陆地更觉亲密，我总是带着更大的计划再到'家'里来，做新的地理占领，介绍新的地域和更多的知识。"

夏日时分，我躺在敦煌鸣沙山上，俯视月牙泉；夜渐渐深了，仰瞻碧落，流星一颗接着一颗，美极了！如果没有逗留的时间限制，可以忘情地迎接莫高窟对面三危山的日出霞光。或许，这也正是1600多年前乐僔和尚的际遇。

行走在敦煌，便像是沉浸在汉赋和唐诗里。斯坦因在敦煌烽燧捡拾的汉简赋诗云："日不显目兮黑云多，月不可视兮风非（飞）沙。从悠蒙水诚（成）江河，州（周）流灌注兮转扬波。辟（壁）柱槙（颠）到（倒）忘（妄）相加，天门俫（狭）小路（露）彭池。无因以上如之何？兴章教海（诲）兮诚难过。"

每每去敦煌，耳边除了风蚀声、鸣沙声、驼铃声、马蹄声，还有吟诵唐诗的朗朗锵音："黄河远上白云间，一片孤城万仞山。羌笛何须怨杨柳，春风不度玉门关。"（王之涣《凉州词》）"渭城朝雨浥轻尘，客舍青青柳色新。劝君更尽一杯酒，西出阳关无故人。"（王维《渭城曲·送元二使安西》）"单车欲问边，属国过居延。征蓬出汉塞，归雁入胡天。大漠孤烟直，长河落日圆。萧关逢候骑，都护在燕然。"（王维《使至塞上》）当然还有如"黄沙万里白草枯""胡天八月即飞雪"的名句等等，都描写了西北大漠的雄浑。阳关和玉门关是西汉武帝时期设置的关隘，阳关位于玉门关以南，至宋代渐废。玉门关虽几经迁徙变更，宋代以后也随政权更替、兵荒马乱而渐废。阳关和玉门关，这两个边关将我们的思绪锁定，引向敦煌的诗境。

大事件
时间表

前111年
敦煌始设郡

290年以前
西晋敦煌名士索靖在莫高窟题"仙岩寺"

353年
《沙州土境》记莫高窟"永和八年癸丑岁创建窟"

400年
高僧法显西行求法至敦煌
敦煌归属西凉

386年
敦煌归属后凉
西域高僧鸠摩罗什抵达凉州

366年
前秦沙门乐僔在莫高窟开窟

525年
北魏宗室大臣元荣出任瓜州刺史

538—539年
西魏时期修建莫高窟第285窟

561年
北周建平公于义任瓜州刺史石窟开凿兴盛

574年
北周武帝灭佛令僧尼还俗

644年
玄奘从印度归来，唐太宗令敦煌官司于流沙迎接

642年
初唐兴建莫高窟第220窟

590年
印度僧人达摩笈多抵瓜州隋文帝下诏将其迎入京译经

690年
敦煌城东建大云寺

695年
禅师灵隐等人造北大像（敦煌第一大佛）

698年
莫高窟第332窟建成此时莫高窟有窟龛千余

714年
僧处谚与乡人马思忠等人造南大像

776年
李大宾修建莫高窟第148窟立《大历碑》

758年
敦煌郡复为沙州

738年
沙州开元寺建成

781年
吐蕃占据敦煌之后统治敦煌长达67年

832—834年
唐代僧人洪辩建七佛药师之堂（莫高窟第365窟）

848年
张议潮驱逐吐蕃收复沙州

851年
唐王朝在沙州设置归义军授张议潮为沙州节度使

865年
《莫高窟记》墨书于莫高窟第156窟前室北壁

865年之前
张议潮建造莫高窟第156窟

851—862年
洪辩修建莫高窟第16、17窟第17窟即藏经洞

914年
曹议金接管沙州
恢复归义军称号

966年
曹元忠夫妇
重修莫高窟
第96窟北大像

1036—1227年
西夏统治敦煌
继续开窟造龛

1715年
清兵出嘉峪关
收复敦煌一带

1524年
关闭嘉峪关后
敦煌凋零

1516年
敦煌被当时吐
鲁番的统治者
占领

1227年
蒙古攻占沙州

1724年
筑城置敦煌县

1723—1725年
督修敦煌城
的汪漋发现
《唐宗子陇西李
氏再修功德碑》

1831年
敦煌知县
苏履吉修撰
《敦煌县志》

1900年
道士王圆篆发
现莫高窟第17
窟（藏经洞）

1908年
伯希和来到莫
高窟窃走6000
余件珍品

1907年
斯坦因第一次
抵达莫高窟窃
走大量经卷、
佛画等

1904年
敦煌知县汪宗瀚
清点藏经洞内发
现的经卷、佛画
等物

1911年
橘瑞超、小川
吉一郎从莫高
窟窃走经卷数
百卷

1914年
斯坦因第二次
抵达敦煌
又窃走藏经洞
文献数百卷

1914—1915年
奥登堡在莫高
窟剥画壁画，
盗取大量敦煌
文献等

1924年
华尔纳劫走多
幅敦煌壁画和
一尊唐代彩塑

1944年
国立敦煌艺术
研究所成立
常书鸿任所长

1942年
中央研究院西北
科学考察团抵达
敦煌莫高窟考察

1941年
张大千抵达敦煌
在莫高窟临摹
壁画270余幅

1958年
"中国敦煌艺术
展"在日本展出
展览影响深远

1964年
再次对莫高窟
进行编号
计有492窟

1979年
敦煌莫高窟正式
对外开放

1984年
敦煌文物研究所
升级更名为
敦煌研究院
并一直沿用至今

2016年
举办首届丝绸之
路（敦煌）国际
文化博览会

2000年
敦煌学国际学术
研讨会开幕
世界各地掀起敦
煌学研讨高潮

1994年
国际敦煌项目
（IDP）成立
秘书处设在英国
国家图书馆

1987年
联合国教科文组
织将敦煌莫高窟
列为世界文化遗
产保护项目

目　录

–

Contents

走近敦煌

1 | 敦煌的存在与时间

在时空上，人们常常将敦煌与莫高窟、敦煌石窟与敦煌莫高窟混在一起，实际上敦煌是一个区域概念，一个地理概念，是一座城市，而莫高窟则是敦煌区域内的一处文化遗产。敦煌石窟也不能等同于敦煌莫高窟，敦煌石窟的范围要比敦煌莫高窟广泛得多。

季羡林主编的《敦煌学大辞典》中这样解释"敦煌石窟"："在古敦煌郡、晋昌郡（瓜、沙二州）就岩镌凿之佛教石窟寺。（敦煌石窟）位于今甘肃省敦煌市、安西县（今瓜州县）、肃北蒙古族自治县和玉门市境内，是敦煌莫高窟、西千佛洞、安西榆林窟、东千佛洞、水峡口下洞子石窟、肃北五个庙石窟、一个庙石窟、玉门昌马石窟之总称。因其主要石窟莫高窟位于敦煌郡，各石窟的艺术风格又同属一脉，且古敦煌郡又为两郡之政治、经济、文化中心，故名。"其中，莫高窟是敦煌石窟中开凿最早、延续时间最长、规模最大、内容最丰富的一处石窟。敦煌莫高窟（图1）位于敦煌市东南25千米处鸣沙山东麓的断岩上，俗称"千佛洞"，晋时曾称"仙岩寺"，前秦时称"莫高窟"，隋唐时称"崇教寺"，元代称"皇庆寺"，清末也

称"雷音寺"。敦煌石窟是古建筑、雕塑、壁画三者相结合的立体艺术宫殿，窟内绘、塑佛像及佛典内容，为佛徒修行、观像、礼拜之处所。石窟寺源于印度，随佛教东传，经过阿富汗，再到我国新疆，至敦煌而有莫高窟。随后，又有天梯山石窟、麦积山石窟、炳灵寺石窟、云冈石窟、龙门石窟等。世以莫高窟、云冈石窟、龙门石窟为中国之三大石窟。

西千佛洞位于甘肃省敦煌市城西南，前临党河，因位于莫高窟和古敦煌城西而名。始建年代不详，有言早于莫高窟，或与莫高窟属于同一时期。目前，西千佛洞现存洞窟中，年代最早的是北魏时期的洞窟。西千佛洞共计北魏窟1个，北周窟3个，隋代窟2个，

图 1　莫高窟全景　王全摄影

唐代窟 4 个，五代窟 1 个，沙州回鹘窟 3 个，西夏、元代窟 2 个，
另有 2 个窟年代不明。现存壁画 800 余平方米，彩塑 34 身（图 2）。
安西榆林窟又名"榆林寺"，位于甘肃省瓜州县城南榆林河峡谷两岸，
在现存洞窟中，年代最早的是唐代的洞窟，历经五代、宋代、西夏、
元代，现存窟 43 个，其中东崖 32 个，西崖 11 个。现存壁画约 4200
平方米，塑像 244 身。榆林窟出现了密宗题材壁画和塑像，如曼陀
罗等，与五代、宋之前的敦煌石窟密宗塑像相比，具有风格鲜明的
艺术特征。东千佛洞位于甘肃省瓜州县桥子乡南 35 千米的峡谷两
岸，现存洞窟 23 个，有 8 个窟留存有壁画、塑像，其中比较精彩的
第 2、5、7 窟均开凿于西夏时期，其中第 2 窟的壁画保存最为完整。

图 2　敦煌西千佛洞

水峡口下洞子石窟位于甘肃省瓜州县城南 50 千米的榆林河下游，与被称为"上洞子"的榆林窟相对。现存壁画洞窟 8 个，其中五代窟 3 个，宋代窟 3 个，西夏窟 1 个，近代窟 1 个。洞窟破损比较严重，塑像全部被毁坏，壁画内容有经变画、说法图、菩萨、不空羂索观音和如意轮观音曼陀罗等。肃北五个庙石窟位于甘肃省肃北蒙古族自治县县城，莫高窟西南方，北魏至元时隶属古敦煌郡（即沙州），风格类似敦煌莫高窟，实存 22 个石窟，窟型略异于莫高窟，塑像基本被毁，壁画尚存一些。一个庙石窟位于甘肃省肃北蒙古族自治县城北党河东岸，现存 2 个洞窟，年代从五代到近代，可惜壁画、塑像均被毁。玉门昌马石窟位于甘肃省玉门市玉门镇东南祁连山麓，昌马河流经窟前，现有大坝千佛洞和下窖两处石窟，第 2 窟和第 4 窟保存相对完整，造窟年代约为北凉到西夏时期，可惜毁坏严重（图 3）。

图3　昌马石窟第4窟的中心塔柱

　　总之，我们所谓的敦煌石窟艺术，并非局限于莫高窟，而是包括了敦煌市的莫高窟、西千佛洞，瓜州县的榆林窟、东千佛洞、水峡口下洞子石窟，肃北的五个庙石窟、一个庙石窟，以及玉门市的昌马石窟在内的石窟群。在敦煌石窟群里，安西的榆林窟和东千佛洞，在晚唐、五代、北宋和西夏时期，与藏系艺术有密切的联系。

　　关于敦煌艺术的表述也有诸多概念，如敦煌佛教艺术、敦煌石窟艺术、敦煌艺术、莫高窟艺术、敦煌佛教石窟艺术等。《敦煌学大辞典》对敦煌莫高窟进行了全面的介绍，认为敦煌佛教艺术、敦煌石窟艺术、敦煌艺术是相等的概念，"指以敦煌莫高窟为主体的，包括敦煌西千佛洞、安西榆林窟、东千佛洞、肃北五个庙石窟等古代敦煌郡境内的所有石窟"。敦煌艺术，应包括保存在古敦煌郡范围内的所有古代艺术形式。其中敦煌石窟艺术是敦煌艺术的主体，但敦煌艺术并非全是石窟艺术。总体上讲，敦煌艺术包含四大类内容：敦煌建筑（敦煌石窟建筑、窟檐、窟前建筑，石窟之外的塔等）、敦煌绘画（敦煌壁画、藏经洞发现的遗画、敦煌墓室砖画等）、敦煌彩塑、敦煌书法（敦煌写经、敦煌写本、敦煌书简、敦煌古代书法家作品、敦煌金石文字碑记等）。

莫高窟有 1600 余年的历史，始建于十六国的前秦时期（最早开凿于 366 年），历经北凉、北魏、西魏、北周、隋、唐、五代、宋、回鹘、西夏、元等年代的修凿，跨越千年，前后经历 11 个朝代，14 个历史时期。根据石窟营造先后，学界把莫高窟的石窟年代分为三个时期：早期窟（420—581，含北凉、北魏、西魏、北周四个历史时期）、中期窟（581—907，含隋代、唐代）和晚期窟（907—1369，含五代、宋代、西夏、元代）。

从十六国时期开始，至元朝造窟结束，莫高窟的营造历时 1000 余年。敦煌研究院文献研究所前所长马德先生认为莫高窟千余年的营造历史可分为如下几个时期：

一、十六国时期（366—439）

    1. 前凉、前秦、后凉、西凉时期（366—421）

    2. 北凉时期（421—439）

二、北朝时期（439—589）

    1. 北魏前期（439—534）

    2. 北魏后期（439—534）

    3. 西魏时期（535—556）

    4. 北周时期（557—581）

这里需要说明的是，敦煌远离中原，而且莫高窟的洞窟营造有许多具体情况，所以无法全部按中原改朝换代的时间界限来划分莫高窟的营造历史阶段。而是按敦煌地区及莫高窟崖面情况，北周、隋之交 581 年应为 589 年，隋、唐之交 618 年应为 640 年。

敦煌城的历史更长，有 2000 多年的历史。目前所见最早记载"敦煌"的文献是西汉司马迁《史记·大宛列传》："始月氏居敦煌、祁连间。"东汉班固《汉书·西域传》载："大月氏本行国也，随畜移徙，与匈奴同俗。控弦十余万，故疆轻匈奴。本居敦煌、祁连间，至冒顿单于攻破月氏。"

推荐阅读：段文杰：《敦煌石窟艺术研究》，兰州：甘肃人民出版社，2007 年；贺世哲：《敦煌石窟论稿》，兰州：甘肃民族出版社，2004 年；敦煌研究院编：《甘肃石窟志》，兰州：甘肃教育出版社，

2011 年；赵声良：《敦煌石窟艺术总论》，兰州：甘肃教育出版社，2013 年；赵晓星：《莫高窟之外的敦煌石窟》，兰州：甘肃人民美术出版社，2018 年。

2 | 敦煌的空间建构

　　南朝刘昭注《后汉书·郡国志》引《耆旧志》言："（敦煌）国
当乾位，地列艮虚，水有县泉之神，山有鸣沙之异，川无蛇虺，泽
无兕虎，华戎所交，一都会也。"清代《肃州志·沙州卫志》记载敦
煌："雪山为城，青海为池，鸣沙为环，党河为带，前阳关而后玉
门，控伊西而制漠北、全陕之咽喉，极边之锁钥。"

　　敦煌南倚祁连山，西连罗布泊，北枕北塞山，东望三危山，山
山相连，黄沙绵延，位于河西走廊最西端（图4）。元鼎六年（前
111）汉武帝"分武威、酒泉地置张掖、敦煌郡"（《汉书·武帝纪》）。
历史上所谓的"河西四郡"，到这时完全确立了。按古代地理方位，
敦煌，地处西域要道，"西域"与"河西"是关联敦煌的两个重要
词语。"西域"一词，出自《汉书·西域传》："西域，以孝武时始通，
本三十六国，其后稍分至五十余，皆在匈奴之西，乌孙之南。南北
有大山，中央有河，东西六千余里，南北千余里。东则接汉，厄以
玉门、阳关，西则限以葱岭。其南山，东出金城，与汉南山属焉。
其河有两原：一出葱岭，一出于阗。于阗在南山下，其河北流，与

葱岭河合，东注蒲昌海。"而河西，似乎指敦煌以东、武威以西的地区。东汉班固《汉书》中言："自武威以西，本匈奴昆邪王、休屠王地，武帝时攘之，初置四郡，以通西域，鬲绝南羌、匈奴。其民或以关东下贫，或以报怨过当。……地广民稀，水草宜畜牧，故凉州之畜为天下饶。保边塞，二千石治之，咸以兵马为务，酒礼之会，上下通焉。"当时河西诸郡，还都是人口稀少、比较荒凉的地区。西汉时期的敦煌郡，根据《汉书·地理志》所载，统辖六个县，即敦煌、冥安、效谷、渊泉、广至、龙勒。当时的敦煌郡，大致上是指疏勒河以西，阳关、玉门关以东的一大片土地，包括现今敦煌、安西两县及肃北蒙古自治县的一部分。

图 4　汉简中的"敦煌"二字

推荐阅读：李正宇：《敦煌史地新论》，台北：新文丰出版公司，1996 年。

3 | 如何去敦煌？

没去过敦煌的人总会问：去敦煌远吗？怎么走？什么时候去人不多？现在，我们只要互联网搜索一下"怎么去敦煌？"用GPS导航，从世界各地去敦煌的路线、交通工具、时间长短等信息就都有了，非常便捷。不仅如此，我们还能利用大数据，预测、评估敦煌莫高窟各个时段参观的人流量，淡季、旺季一目了然。我们可以自由选择去敦煌的时间，一路不缺生活补给，一部智能手机，就能解决一切旅途问题，这在互联网时代之前是难以想象的。在西汉张骞出使西域、大唐玄奘西行取经的年代，即便从长安到敦煌，行程也是艰难的，不仅耗时长，而且危险重重。即使是在20世纪40年代，张大千、常书鸿等人去敦煌，其路途艰苦的程度也是难以想象的。

迈开脚步便是路，思想游走是为道！那敦煌之"道"究竟为何？可不是三言两语可以说清楚的。我们通过各种路抵达敦煌，就是寻找隐藏在莫高窟、三危山、月牙泉、疏勒河与党河深处的道，与宗教、艺术、生活、文化等关联的道。敦煌的路共有三条：一条是出敦煌的路，敦煌是起点；一条是进敦煌的路，敦煌是终点；还有一条是经过敦煌的路，敦煌是路轴，是中转站。在人类发明船之前，人与人之间的交往只能依靠陆路。船的发明丰富了人际交往的路径方式，海路拉近了世界各国的距离。在飞机出现之前，交通方式只有陆路和海路，有了飞机之后，航空之路更是将偌大的地球变成了"地球村"。而绘画、照相和互联网技术则将人类的"心灵之路"无限拓展，唐朝人留下了一句充满智慧的诗"身无彩凤双飞翼，心有灵犀一点通"（李商隐《无题》），让我们空灵的思绪飞扬了1000多年！

时至今日，人与人交往的路径方式基本上有四种：一是陆上交通即陆路；一是海（水）上交通即海（水）路；一是航空之路；一是心灵之路，心灵之路是境界最高的一条路。

敦煌是古代丝绸之路的要冲和分、合咽喉，也是"茶马古道"的必经之地。敦煌作为中国西部陆上的城市交通枢纽，其"发自敦煌"的地位无城可及，因为不管是西出还是东进的人都要在敦煌的阳关和玉门关做出入关登记。向东可以抵达都城长安、洛阳；向西沿昆仑山北麓可以抵达大月氏、安息等国；沿天山南麓可以进入大宛、康居、大夏。敦煌是东西贸易的中心和文化中转站，是名副其实的"华戎所交，一大都会"。《汉书·西域传》上卷记载："自玉门、阳关出西域有两道：从鄯善傍南山北，波河西行至莎车，为南道，南道西逾葱岭则出大月氏、安息。自车师前王廷随北山，波河西行至疏勒，为北道，北道西逾葱岭则出大宛、康居、奄蔡、焉耆。"《隋书·裴矩传》引《西域图记·序》中提到进入河西必经敦煌的三条道路："发自敦煌，至于西海，凡为三道，各有襟带……故知

伊吾、高昌、鄯善，并西域之门户也，总凑敦煌，是其咽喉之地。"（图5）

唐长孺先生在《南北朝期间西域与南朝的陆道交通》一文中说："汉代以来，由河西走廊出玉门、阳关以入西域，是内地和西北边区间乃至中外间的交通要道。但这并非唯一的道路，根据史籍记载，我们看到从益州（益州在今四川成都一带，含西南大部分地区，是州治范围较大的州）到西域有一条几乎与河西走廊并行的道路。这条道路的通行历史悠久，张骞在大夏见来自身毒（身毒是指先秦到隋唐时期对印度次大陆的称呼，区域在印度河流域一带）的邛竹杖与蜀布是人所共知的事，以后虽然不那么显赫，但南北朝时对南朝来说却是通向西域的主要道路，它联结了南朝与西域间的政治、经济和文化，曾经起颇大的作用。"这条道也是我们经常称道的"西南丝路"。南朝刘宋时期的酒泉僧人慧览从西域到南朝的路线正是此路，"西南丝路"即丝绸之路的河南道，连通益州与鄯善，打通了新疆、青海、四川、甘肃之间的通道。

美国汉学家芮沃寿在《中国历史中的佛教》一书中指出："西北的贸易中心敦煌早期是一个佛教中心，在长安和洛阳，在山东南部和安徽，在长江下游，在现在的武昌附近，都有早期佛教团体存在的证据。在遥远的东南沿海，印度商人将佛教带到了中国的边远地区交州。"

近代以后，作为政治意义的交通要道，敦煌早就失去了关口的作用，回归到一个普通城市的功能，但近年来，"一带一路"倡议给敦煌带来的热度越来越高。人们从陆路、海路、航空之路蜂拥而至，欣赏莫高窟壁画彩塑，领略阳关、玉门关的人文风情，享受敦煌当

图 5　新疆吐鲁番地区西域风光　作者摄影

地的美食。

　　马可·波罗一行于 1272 年从新疆罗布镇出发，沿罗布泊南源进入阳关，到达敦煌。他晚年在《马可·波罗游记》中回忆说："我们好（不）容易走完了一个月的沙漠旅途，终于到达了一座名叫沙州（即敦煌）的城市……（沙州）境内有许多寺庙，庙内供奉着各种各样的佛像。他们对这些偶像十分虔诚，时常祭之以牲畜。"这就是十三世纪西方旅行者所见到的敦煌。唐代以后，造船业的发展将亚洲之外的区域紧紧联系在一起。《旧唐书》卷四《崔融传》记载："天下诸津，舟航所聚，旁通巴、汉，前指闽、越，七泽十薮，三江五湖，控引河洛，兼包淮海，弘舸巨舰，千舳万艘，交贸往还，昧旦永日。"

海路是敦煌与外界沟通陆路的延伸。敦煌地处西北内陆，与东海、南海遥望，究竟从何时，敦煌与海上交通产生了密切联系，这是一个有意思的话题。"西行泛海求法"的图像慢慢浮现在我们眼前。南朝梁高僧慧皎在《高僧传》卷九中提到过东晋敦煌僧人单道开圆寂罗浮山的事迹："至晋升平三年（359）来之建业，俄而至南海，后入罗浮山。"由此可见，高僧单道开行法的部分活动轨迹，单道开行法的路线大致是沿西北丝绸之路，从西平（今青海西宁）到南安（今甘肃陇西），再到后赵邺城（今河北邯郸一带）、临漳（今河北邯郸），再到许昌抵达建业，从建业到岭南。敦煌与南京的空间距离是 3000 多千米，与岭南的距离是 4000 多千米，对行法的西域僧人来说这是一段艰难的旅程。不管怎样，单道开最终是到达岭南了，而与单道开同时期的敦煌僧人于道邃则没那么幸运，在泛海求法途中于交趾（今越南北部）逝世，可见旅途凶险。

《高僧传》作为一本佛教史书，勾勒了早期（东汉至南朝）敦煌与内地沿海之间的交通情况，这一时期，也是僧人西行求法最为活跃、频繁的时期。南朝刘宋时期西凉州（今甘肃酒泉）僧人释智严就经岭南泛海天竺求法，"遂周流西国，进到罽宾（今阿富汗地区），入摩天陀罗精舍。"（《高僧传》卷三）"遂更泛海重到天竺，咨诸明达。"（《三藏记集》卷十五）同一时期的高昌僧人道普与师父于法兰泛海西行求法走的海路，经过的便是胶东半岛的长广郡（今青岛一带），长广郡正是当年求法僧人海行的重要港口之一，智严和佛陀跋陀罗走过的路线，经印度北部、缅甸到交趾，再乘船到青州，长广郡即属青州刺史部。

至唐时，陆上丝绸之路畅通。唐贞观十七年（643），拂菻（亚洲最西端的拜占庭）王波多力遣使献太宗赤玻璃、绿金精等礼物，太宗回赐绫绮。唐建中二年（781），景教（唐代对基督教的一支派别——聂斯托利派的称呼）的传教士阿罗本，从波斯一路到唐都长安，并在长安公开传教，并立有《大秦景教流行中国碑》，一时间，景教在长安城出现"法流十道""寺满百城"的盛况。此时，陆路与水路已经是不可分割的交通网络，强盛的大唐帝国通过海路和陆路与周边国家进行频繁的贸易往来，一些阿拉伯商人就通过丝绸之路和香料之路来到中国，进行贸易往来，中国的瓷器也经由海路到了非洲的埃及和坦桑尼亚（图6）。

图6 蒙古王朝晚期"丝绸之路"上的商队 15世纪土耳其细密画 伊斯坦布尔托普卡比博物馆藏

　　载人飞行器的发明拉近了世界各国的距离，不仅缩短了人们旅行时间，也便捷了货物运输和人员流动，20 世纪以后 "地球村" 的概念也渐渐明晰。1900 年，敦煌莫高窟藏经洞开启的那一刻，人类离飞天的梦想很近了。1903 年，美国人莱特兄弟制造的世界上第一架飞机飞天成功，是时，英国探险家斯坦因正式出版了第一次中亚探险（1900—1901）的收获《沙埋和田废址记》(*Sand-Buried Ruins of Khotan*, London, 1903)。敦煌与外界实现直航则是很晚的事情，1982 年，敦煌机场建成通航，作为国内旅游支线机场，通航 17 个城市。2019 年，敦煌国际机场开通首条国际航线，成为甘肃省继兰州中川国际机场后第二个开通国际航班的机场。在 21 世纪的今日，从世界各地出发均可以通过航空直达或转机，联通高速列车、公路网到达敦煌。相比法显、鸠摩罗什、佛图澄、玄奘那个时代已经是相当快了，朝发夕便至。

　　大明正德年间，杨慎写下了《敦煌乐》："角声吹彻梅花，胡云遥接秦霞。白雁西风紫塞，皂雕落日黄沙。汉使牧羊旄节，阏氏上马琵琶。梦里身回云阙，觉来泪满天涯。" 今天的人们可以通过前人的文献、游记，今人的图像、视频等超越时空去了解敦煌，即使无法亲自触及敦煌，也能让人们有了亲历的感觉，从而心向往之，这份渴慕与憧憬便是通往敦煌的心灵之路（图 7）。

　　那些曾经到过敦煌的人为我们描述了敦煌的美。英国探险家斯坦因是这样描述中国西北地区："虽然现在是荒山野岭、万顷沙漠，但在古代历史上确有十分重要的作用，这里是古代经营了几百年的丝绸之路的必经之地，中西文化在这里交汇发展，形成了古代很重

图7 飞天伎乐 敦煌西千佛洞壁画

图 8　敦煌汉长城遗址　作者摄影

要的一个高峰。由于这些地区气候干燥，古代文明的遗迹历经千百年得以保存至今。"（图 8）

　　伯希和这样描写敦煌："千佛洞（莫高窟）是中亚及东亚文化整体中最重要的组成部分之一。敦煌处在中国文化与西方汇合的前沿阵地，因此，它使得亚洲古代诸文明与远东贯通，正是通过这块绿洲，昔日最伟大的旅行家横穿东西……"

　　1934 年 11 月，瑞典探险家斯文·赫定考察莫高窟留言道："我来这里的原因部分是因为好奇，另外则是想如果到了敦煌而不去千佛洞是荒谬的，就如同到了阿拉格而不去泰姬陵一样。"

　　张大千先生在《四十年回顾展自序》中说："已而西出嘉峪，礼佛敦煌，纵观壁画，始知人物画法，绝响于世。乃摒弃一切。"（图 9）

图 9　1943 年　张大千和他的弟子们在榆林窟观看临摹的粉本线稿　罗寄梅摄影

图 10　日本画家平山郁夫先生像

　　日本画家平山郁夫（图 10）以玄奘大师为精神崇拜对象，在丝绸之路上往返 30 余次，在他来敦煌前，他是这样描述敦煌："一看到意大利的壁画，未能一见的神秘的敦煌壁画在我的脑海里就浮现出来。"他来敦煌后，在他的绘画中可以见到这样的情景：透过画面辽阔的沙漠，仿佛听到万籁俱静之中，传来阵阵清脆响亮的驼铃声……一支骆驼商队在楼兰遗迹与阿富汗荒漠之间，正坚韧不拔地行走着，灼日与寒夜交替、现实与梦境共存。（2008 年 6 月 27 日《人民日报》刊《平山郁夫：追寻日本文化之源》）

　　推荐阅读：常书鸿：《九十春秋》，北京：北京大学出版社，2011 年。

敦煌这座城

張芝墨池　在縣東北一里勍軄府東南五十步

備書巷北虜其城破壞其即見在

右後漢獻帝時前件人於此池學書其池盡

墨書絕世天下名傳曰慈王羲之顏書論

云臨池學字書池水盡墨好之絕倫吾弗

及也又草書出自張芝時人謂之聖其池

年代既遠並磨滅古考相傳池在前件所

去開元二年九月廿義大夫使持節沙州諸軍

事行沙州刺史薫言盧軍使上柱國杜某臣赴

任　尋壇典文武俱明訪此池未獲安惜至

四年六月發至係入道留本川王某某入事竉

1 | 丝路上的古城

　　人们一谈起敦煌文化的厚重，就会想到季羡林先生的说法："世界上历史悠久、地域广阔、自成体系、影响深远的文化体系只有四个：中国、印度、希腊、伊斯兰，再没有第五个；而这四个文化体系汇流的地方只有一个，就是中国的敦煌和新疆地区，再没有第二个。"姜亮夫先生在《敦煌·伟大的宝藏》一书中也说："敦煌在历史上担任过不少的任务，是边防重地，是交通中心，是文化交流的场所，尤其在唐代最为辉煌的时期，做了中西交通的枢纽，宗教繁兴的圣城，文化极盛的都市。"

　　城市是文明形成的基本条件，是国家文明形态的缩影，是人类活动的聚集地。有"戈壁绿洲"之称的敦煌，首先是个城市，是位于河西走廊最西端的城市，自古以来，不仅是军事重镇，政治中心，也是商贸中心，还是世界多民族文化交汇地。敦煌往西，古代就是关外了，敦煌类似现在的国家海关。

　　从夏朝至西周时期，敦煌为羌戎所居。春秋时称为"瓜州"，战国时，月氏与乌孙为邻居于敦煌间。汉武帝于元鼎六年设置敦煌郡，同时开展军事防御、屯田、戍边，修筑长城和城墙，在"国之大事，唯祀与戎"的时代，早期城市的目的和功能主要是军事防御。西汉时，敦煌的住户是1.12万户，人口3.8万余人。在很长一段时间内，敦煌是中原王朝经营西域的军事重镇、战略要地。三国时期，敦煌社会安定，胡汉贸易繁荣。晋安帝隆安四年（400），李暠建立西凉，此时作为政治中心的敦煌，城市的功能逐渐健全，子城与罗城出现，划分出政治、军事、商业功能的城市布局形成。隋唐时，敦煌城渐成为国际大都市，成为西部通商口岸和华戎交汇之大都会。这里有来自西域诸国的物产、珠宝，中原的丝绸和瓷器，有北方的马匹和骆驼等，还有印度的佛教文化。2000多年来，佛教是丝绸之路上传播得最成功的文化形态，它渐渐渗透、融进中国文化、思想、哲学、生活之中。

敦煌藏经洞出土的《沙州都督府图经》中这样描述敦煌城的面貌："唐敦煌沙州城由罗城和子城两部分组成：子城为官府衙署所在地，罗城主要为商业和居民区；城址大多建有马面、瓮城、角墩、马道等设备；城址外围有羊马城。"（图1）敦煌城作为城市的功能削弱始于唐代安史之乱，正如宋末元初马端临《文献通考》中言："河西自唐中叶以后，一沦'异域'，顿化为龙荒沙漠之区，无复昔日之殷富繁华矣！"至明朝正统年间，敦煌城毁于党河大水！清康熙时收复敦煌，至民国之前，敦煌城渐次恢复，道光十年（1830），住户达到4630户，人口2万余人。

今日敦煌（图2），是甘肃省酒泉市代管的一个县级市，地处甘肃、青海、新疆三省（区）交汇处，面积3.12万平方千米，人口约20万人。每年夏天，世界各国的朝圣者络绎不绝汇聚于此，或旅游

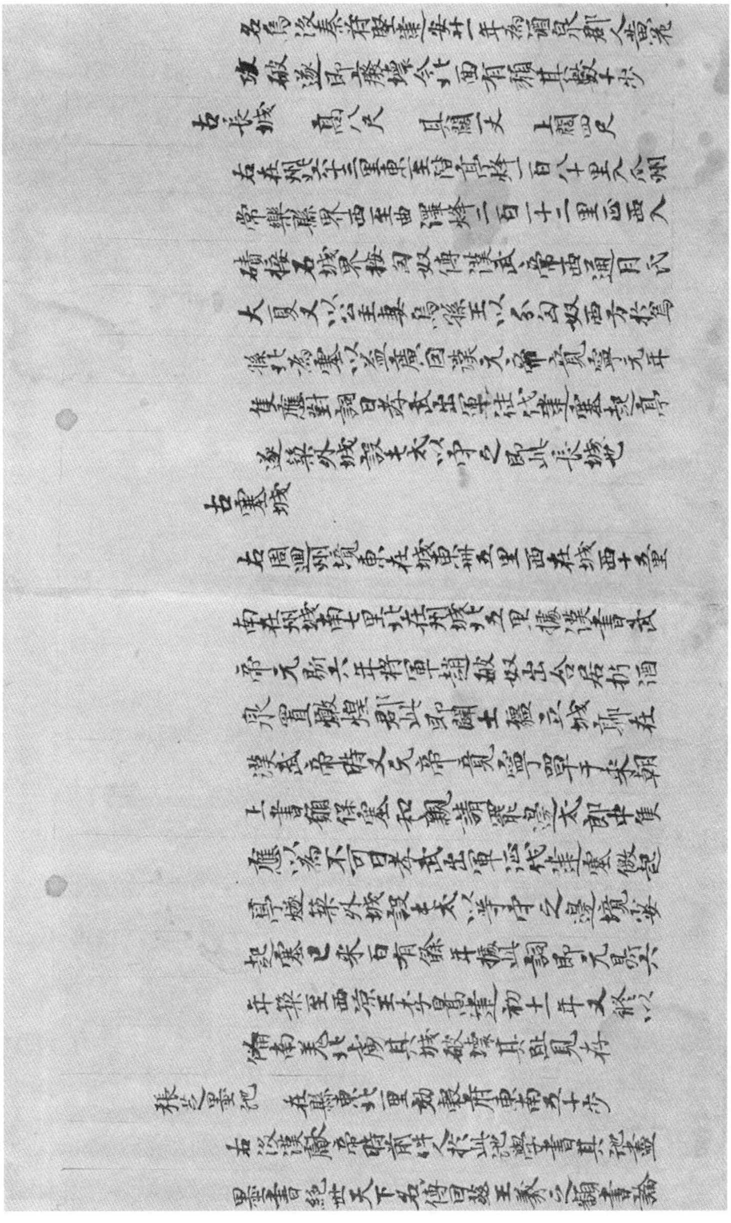

图 1 《沙州都督府图经》（局部）

图 2　敦煌新城内雷音寺　作者摄影

参观，或为文化贸易、人文交流，或为艺术创作，热闹非凡。冬日里的敦煌，因气温低，游人稀少，而此时正是参观莫高窟的好时候，为此敦煌莫高窟还推出了一系列冬季旅游的优惠政策。

　　敦煌境内有一处为世人所瞩目的人文景观和文化遗产——莫高窟。莫高窟窟群全长 1600 余米，现存历代营建的洞窟共 735 个，分布于高 15—30 米的断崖上。分成南、北两区，其中南区是礼佛活动的场所，有各个朝代壁画、彩塑的洞窟 492 个，壁画、塑像多分布在南区，北区少数洞窟有壁画，其中 250 余窟是空窟，也未进行编号。现编号的 492 个洞窟留存壁画约 4.5 万平方米。莫高窟这约 4.5 万平方米壁画面积的数字是从何而来的呢？在没有确切的数据统计之前，据说，如果把这些壁画按 2 米的高度排列起来，大约有 10 千米长。以这样的标准估计，莫高窟壁画面积则有 2 万平方米。在没有计算出准确面积之前的很长一段时间里，大家都是沿用了这一说法。相对于彩塑，计算壁画面积的难度要高多了。敦煌学者孙儒僩先生为我们揭秘了莫高窟壁画面积是如何计算出来的：1961 年，敦煌文物研究所讨论决定，由美术和保护两个组的工作人员、工人联合，对壁画做一次全面的丈量。丈量方式按照石窟不同位置，对前室、甬道、主室、窟顶、佛龛等各个不同位置的壁画分开进行丈量。工作量大，数据浩繁，仅记录用纸就油印了五六百张，后用算盘一点一点加起来，花费了非常久的时间才最终得出这个面积。

莫高窟中彩塑有 3000 余身，但也有说塑像 2000 余身，飞天 4000 余身。唐宋时期的木构窟檐 5 座。在没有专职人员管理前，莫高窟外立面上的栈道毁损严重，大多数石窟都裸露在外，1944 年国立敦煌艺术研究所成立，开始了有序管理和保护，1966 年之前莫高窟加固了 400 多个洞窟，并将周围十余平方千米作为保护范围（图 3、图 4）。

莫高窟的文化指向包括：石窟壁画、石窟彩塑、石窟建筑、藏经洞出土艺术品和文献（或称敦煌遗书）、敦煌书法等。1987 年，世界遗产委员会如此评鉴敦煌莫高窟："莫高窟地处丝绸之路的一个战略要点。它不仅是东西方贸易的中转站，同时也是宗教、文化和知识的交汇处。莫高窟的 492 个小石窟和洞穴庙宇，以其雕像和壁画闻名于世，展示了千年的佛教艺术！"是年，敦煌莫高窟与长城、北京故宫、秦始皇陵及兵马俑坑等作为中国首批世界文化遗产被列入《世界遗产名录》。

推荐阅读：樊锦诗：《敦煌与隋唐城市文明》，上海：上海教育出版社，2010 年；李正宇：《敦煌历史地理导论》，台北：新文丰出版公司，1997 年；赵声良、戴春阳、张元林：《敦煌文化探微》，南京：江苏美术出版社，2014 年；赵晓星：《沙漠中的美术馆》，兰州：甘肃人民美术出版社，2015 年。

图 3　莫高窟南区九层楼一带　王锐仁摄影

图 4　莫高窟北区　秦川摄影

2 | 谁创造敦煌？

敦煌从汉代的一个郡，到"华戎所交一大都会"，从古代西域关口到今日的西北重镇，从古丝绸之路枢纽到现在的"一带一路"文化热土，有哪些民族在敦煌这个舞台上上演了一出出政治、军事、经济、文化大戏？又是谁创造了敦煌莫高窟辉煌的石室佛殿？

位于祁连山、阿尔金山、龙首山、合黎山、马鬃山之间的河西地区，名为"河西走廊"，绵延1000多千米，同时衔接起中原、西域、草原、高原，祁连山的雪水一路浇灌，水草丰茂，吸引了大量的游牧民族。杨富学在《敦煌民族史探幽》中总结了敦煌地区各民族的时代坐标："早在战国之前，这里先后定居过火烧沟人（羌）、塞种、允戎等多个部落。战国秦汉之际，这里又有月氏、乌孙、匈奴等入居。汉代以后，相继又有汉、鲜卑、退浑、粟特、吐蕃、嗢末、苏毗（孙波）等民族繁衍生息于这里。840年，漠北回鹘汗国灭亡，部众西迁，引起了西北地区民族大迁徙。于是，回纥（回鹘）、龙家（龙部落、肃州家）、南山、仲云（众云、众熨、种榅）等相继登上敦煌的历史舞台。再后，又有鞑靼（黄头鞑靼）、党项、蒙古、黄头回纥（裕固族）等民族跃马挥鞭于这块热土。"敦煌不仅密切了我国古代民族的关系，也密切了东西方的关系。

早期敦煌地区数量众多的民族虽然关系密切，但也容易彼此发生冲突，毕竟战争、厮杀也是早期人类社会的主题，掠夺占有资源、控制区域则是战争的主要目的之一，《史记·大宛列传》中言："始月氏居敦煌、祁连间，及为匈奴所破，乃远去。"那时，他们争夺的就是丝绸之路上的咽喉要塞敦煌的控制权。至汉代，据两关，列四郡，击败匈奴之后，敦煌成为河西地区的重要关口，汉宣帝更是将河西纳入汉朝版图，多民族交汇的局面渐渐形成，敦煌自此翻开了辉煌的历史篇章。早期在此居住的民族有月氏、乌孙、匈奴，分布于河西走廊东西部的沙井文化和骟马文化就是月氏和乌孙活动的遗存。这些民族在推动游牧文明和农耕文明交流等方面发挥了重要的作用，与敦煌、丝绸之路结下了不解之缘。有的民族曾一度控制河西走廊，成为经营东西方贸易的主角，推进了丝绸之路的繁荣。战国、秦汉之际，月氏打败乌孙而独占了河西走廊。约在汉文帝时，由于匈奴的崛起，月氏又被迫退出河西，月氏被来自蒙古高原的匈奴击败后，分割为大月氏、小月氏，之后西迁到中亚的一支被称为"大月氏"，其余被称为"小月氏"。《汉书·张骞传》中也记载："闻乌孙王号昆莫，昆莫父难兜靡，本与大月氏俱在祁连、敦煌间，小国也。"乌孙和大月氏曾杂居于祁连、敦煌间。《史记·大宛列传》言："小众不能去者，保南山羌，号小月氏。"《汉书·霍去病传》中言："票（骠）骑将军涉钧耆，济居延，遂臻小月氏，攻祁连山……赐校尉从至小月氏者爵左庶长。"羌也是生活在敦煌地区的早期居民，小月氏混入其居，《后汉书·西羌传》言："月氏王为匈奴冒顿所杀，余种分散，

图 5　回鹘文文献　庐江草堂藏

西逾葱岭。其羸弱者南入山阻，依诸羌居止，遂与共婚姻。"

我们从语言文字中可窥探敦煌民族融合的多元性，如汉文、吐蕃文（或称古藏文）、突厥文、吐火罗文（或称龟兹文）、于阗文、回鹘文、西夏文、蒙古文、摩尼文、希伯来文等都在敦煌被发现。从敦煌发现的不同语言文字的文献中，我们可以发现敦煌地区各民族的历史变迁的轨迹（图 5）。

在敦煌居住生活的多个民族揭开了敦煌的历史序幕，但若不是举世闻名的莫高窟，人们或许不会留意到位于河西走廊最西端的敦煌。作为敦煌文化的实物遗存之一，莫高窟无疑是王冠上那颗最璀璨的明珠。千百年间陆续建成的规模庞大的石窟群，让世人的目光

图6
弥勒佛
莫高窟第 268 窟　西壁　北凉

齐聚在敦煌，人们哪怕漂洋过海，哪怕翻山越岭，也要来这里朝拜。
那又是谁创造了敦煌莫高窟这伟大的石窟艺术？

　　在莫高窟的造窟历史上，第一个建造石窟的人无疑是伟大的缔
造者，366 年，前秦沙门乐僔凿出了第一窟。敦煌莫高窟第 332 窟
中有《重修莫高窟佛龛碑》碑文记载："莫高窟者，厥初秦建元二年
（366），有沙门乐僔，戒行清虚，执心恬静，尝杖锡林野，行至此
山，忽见金光，状有千佛，遂架空凿岩，造窟一龛。"碑文中的山即
指三危山，所造的龛像，就是敦煌千佛洞最早的洞窟。之后，又有
禅师法良从东而来，在乐僔开凿的石窟旁陆续造窟，敦煌的石窟艺
术，就是源于这两个僧人。马德先生根据考古学"崖面利用"推测，
乐僔和法良所造窟分别为第 268 窟和第 272 窟（图 6）。

　　建造一座石窟的时间有长有短，要一年或多年的时间，石窟建
造期间会牵涉到很多方面的人，如石窟管理者、计划者、实施者、
后勤服务人员等，光营造方面就涉及窟主、施主、工匠、清理者、

图 7
敦煌遗书
《营窟稿》

维修者等。马德先生在《敦煌石窟营造史简述》中谈道："窟主即是
石窟的主人；施主即是出钱出力帮助窟主建窟的人；而工匠则是石
窟营造的具体操作者，按照实际需要可以分为石匠（打窟人）、泥匠、
塑匠、画匠、木匠等。……一个洞窟从始建到完成，一般需要经过
整修崖面、凿窟、绘制壁画塑像、修造并装饰窟檐或殿堂等程序。"
（图 7）文中提到的窟主、施主就是供养人，供养人有敦煌历代大
族、地方长官、僧界大德，也有一般下层平民百姓。供养人出资开
凿洞窟，为佛、菩萨造像，是这些洞窟的主人，是庞大莫高窟窟群
的建造者。那些为出资开窟造像的施主所画的功德画就是供养人画
像，莫高窟现存供养人画像 8000 余身，是我国最大的古代肖像画图
谱。供养人是活跃在敦煌历史上的人物，因此这些画像具有极高的
史料价值，是研究洞窟营建时代及窟主等课题的第一手资料，也是
研究敦煌服饰的宝贵实物资料。

　　营造一座洞窟不仅涉及的人多，一个洞窟从始建到完工的程序
也很多，敦煌文书有一篇《营窟稿》，就对营造石窟的过程进行了具

体描述："创兹灵窟，缔构初成。选上胜之幽岩，募良工而镌錾。笮
檐楹眺望，以月路（露）而辉鲜；门枕清流，共林花（而）发彩。
龛中素（塑）像，模仪以毫相同真；侍从龙天，亦威光而炬赫。往
来瞻仰，炉烟生百和之香；童野仙花，时见祇园之萼。既虔诚而建
窟，乃福荐于千龄；长幼阖家，必寿延于南岳。请僧设供，庆赞于
兹，长将松柏以齐眉，用比丘山而保寿。"

　　按照上述文献记载，佛窟营造工程的第一步工作，是选择造窟
崖面，确定该窟在崖面上的位置。从莫高窟崖面实况来看，当年营
造的洞窟，除少数外，绝大多数都是一个挨一个地建，似乎建造位
置并没有要进行特别选择的必要。而后是雇请工匠开凿石窟，但崖
面原貌不是很整齐，凿窟前还需要工匠对其进行整修。石窟开凿完
成后，要对佛窟内整个壁画内容做叙述和赞颂。在佛窟中，塑像和
壁画的具体内容、数量多少以及规模大小都是不同的，在佛窟营造
文书中不论碑铭还是赞记，对窟内塑像、壁画内容的描述和赞颂是
最主要的内容，表现得最详细、最具体、最生动，所占篇幅相对来
讲也最大。石窟建成后，会将洞窟与整个莫高窟的环境联系在一起
进行描绘，还会加上修建洞窟前木构窟檐的内容。文书和其余部分，
是有关佛窟造成后的一系列庆祝活动及对美好未来的祝愿和向往的
描述。

　　*推荐阅读：齐陈骏：《河西史研究》，兰州：甘肃教育出版社，
1989 年；马德：《敦煌古代工匠研究》，北京：文物出版社，2018
年；王进玉：《敦煌学与科技史》，兰州：甘肃教育出版社，2011 年。*

敦煌莫高窟的石室宝藏

1 锤响声中的莫高窟

　　366年的一天，敦煌鸣沙山东麓、大泉河西岸凿窟发出的声声锤音，响彻三危山。

　　很难还原这段历史，我们只能在历代文献的碎片中慢慢拼接久远年代的记忆和身影。武周李克让《重修莫高窟佛龛碑》中称此处为"莫高窟"，此名沿用至今。闻名中外的敦煌莫高窟是从十六国时期开始建造的，当时的河西地区禅僧云集，佛教主要的功课是摒除杂念，静坐苦修，因此需要寻找依山傍水的幽静处凿窟建寺，以供禅僧修炼，故开凿佛窟之事业与此俱生。后来，佛教信徒越来越多，当地和中原的达官贵人也纷纷在敦煌开凿洞窟，上行下效，开凿洞窟成了红极一时的社会时尚。据唐圣历元年（698）《重修莫高窟佛龛碑》（图1）记载："莫高窟者，厥初前秦建元二年（366），有沙门乐僔……造窟一龛。次有法良禅师，从东届此，又于僔侧，更即营建，伽蓝之起，滥觞于二僧。"这段文字详细记载了乐僔、法良两位僧人先后开凿莫高窟的真实历史，两人也被一同尊为莫高窟的开窟鼻祖。敦煌研究院院长赵声

图 1
唐圣历元年（698）
《重修莫高窟佛龛碑》拓片

良先生说："乐僔、法良等开凿的早期洞窟已经无法考证。"历代关于莫高窟究竟何时开始营造，不同的古籍记载概不相同。如唐代《莫高窟记》记载："右在州东南廿五里三危山上。秦建元中，有沙门乐僔，仗锡西游至此，遥礼其山，见金光如千佛之状，遂凿空镌岩，大造龛像。"贺世哲先生根据索靖题壁和竺法护译经认为："索靖时期敦煌佛教盛行，不但集中了一批经竺法护为首的高僧，'立寺延学'，翻译佛经，而且'道俗交得''村坞相属，多有塔寺'。"五代时期敦煌写本《沙州土境》记载："永和八（九）年（353）癸丑岁创建窟，至今大汉乾祐二年（949）己酉岁，算得五百九十六年记。"虽然古文献对此莫衷一是，但原在第 332 窟的《重修莫高窟佛龛碑》立于武周圣历元年（698），比《沙州土境》早了 251 年，故以此碑记为准，学界普遍认可 366 年为莫高窟创建的起点（图 2）。

佛教自前 6 世纪诞生在古印度，前 3 世纪传入西域的大夏、安息、大月氏、康居等地，后陆续进入于阗、龟兹等地，约 1 世纪传入中国内地。从西汉张骞出使西域到三国时期，敦煌社会安定，生活富足，文化兴盛。随着丝绸之路的不断繁荣，地处丝绸之路要道的敦煌在经济上飞速发展，敦煌地方文化也进入快速发展期。一些世家大族对推动敦煌文化起了至关重要的作用，隐士大儒讲学布道，如张奂、宋纤、索袭、郭瑀等历史上的名儒硕德，大多在此隐居讲学，授徒百千人。西晋时期，世居敦煌的月氏高僧竺法护率领大批弟子在这里译经布道，修建寺庙，开凿洞窟。加之后来东来西去的僧侣络绎不绝，给敦煌的佛教不断注入活力。马德先生考察研究竺法护与莫高窟城城湾遗址后得出结论，被后人称为"敦煌菩萨"的竺法护也应该是敦煌石窟的奠基人。竺法护的禅经和东晋敦煌名僧昙猷的禅窟是莫高窟和敦煌石窟历史的先声。

永嘉之乱后晋王朝退守东南，十六国政权割据的局面形成，前秦正是东晋十六国政权之一。351 年，临渭氐符氏占据关中，后建立前秦政权。前秦在符坚时期，发展佛教，社会和谐，国力达到鼎盛，他"修废职，继绝世，礼神祇、课农桑，立学校，鳏寡孤独高年不能自存者，赐谷帛有差。其殊才异行、孝友忠义、德业可称者，令在所以闻。"（《晋书》卷一一三）符坚迎请道安到长安，让其安住于五重寺内，支持道安的译经事业，一度高僧云集，如西域的昙摩持、鸠摩罗佛提、僧伽提婆、昙摩难提等人也来到长安，译经播佛。值得一提的是，符坚不惜派吕光等大将军对龟兹国发动战争，"邀请"西域高僧鸠摩罗什来传教。相传前秦建元十八年（382），皇帝符坚令骁骑将军吕光和陵江将军姜飞，率七万军马西伐龟兹，并

图 2 《宕泉大圣仙岩寺图》 敦煌遗书 P. T. 993

嘱咐:"朕闻西国有鸠摩罗什,深解法相,善闲阴阳,为后学之宗,朕甚思之。贤哲者,国之大宝,若克龟兹,即驰驿送什。"(慧皎《高僧传》卷二)沙门乐僔正是在前秦尊佛、崇佛的社会背景下,在莫高窟开窟造佛。正当乐僔在敦煌莫高窟造窟之时,法显(约367—423)出生,他是中国佛教史上第一位由陆上丝绸之路西行天竺求法,后从海上丝绸之路返回中国的高僧。

400年,后秦西行求法高僧法显路过敦煌,遇到汉将军李广第十六代孙李暠,此时李暠是敦煌的太守,也是一位热心的佛教支持者。李暠非常支持法显西行,给他提供了很多物质上的帮助和精神上的鼓舞。所以法显在《佛国记》中写道:"夏坐讫,复进到敦煌。有塞,东西可八十里,南北四十里。共停一月余日,敦煌太守李暠供给度沙河。"十六国时期,河西一带为"五凉"(即前凉、后凉、北凉、南凉、西凉)所控。是年,李暠以敦煌为首都建立西凉王朝,有了政权的庇护和得天独厚的政治资源,敦煌迎来了文化艺术发展的春天。

事实上,从301年张轨建立前凉到460年沮渠蒙逊建立北凉这100余年,正是河西佛教发展和东传的重要时期。《魏书》言:"凉州自张轨后,世信佛教,敦煌地接西域,道俗交得其旧式,村坞相属,多有塔寺。"随着佛教在河西的迅速传播,各地又掀起造寺建塔、凿窟塑像之风。甘肃从东到西近2000千米的古丝绸之路两侧,傍依苍山翠峰,开凿出密密麻麻的石窟群。西域高僧佛图澄(232—348)、鸠摩罗什(344—413)等正是此期间在河西地区讲经说法,播扬佛教的。敦煌是较早接触佛教的地区,4世纪前后,无论是西行求法的僧侣还是东来传教的高僧大德均会逗留敦煌,按敦煌研究院院长赵声良先生的话说："乐僔在三危山开窟看起来是偶然的，实则是历史发展的必然。"

莫高窟的造窟，随着佛教消长的轨迹在变化着。北朝是敦煌造窟的重要时期，北凉沮渠氏，本可谓为佛法之国家。"太延中，凉州平，徙其国人于京邑，沙门佛事皆俱东，象教弥增矣！"（《魏书》卷一一四《释老志》）北魏太武帝在太延五年灭凉，徙沮渠牧犍宗族及吏民三万户于平城。北魏时期，敦煌地区的佛事异常繁盛。516 年北魏改敦煌为瓜州，该地成为东西交通的主要驿站。魏明元帝的四世孙元荣出任瓜州刺史，这是敦煌历史上第一次由皇族宗室担任敦煌地方官。瓜州刺史元荣信奉佛教，使得敦煌石窟、寺庙不断增多，为隋代石窟艺术的发展和繁荣起到了筑基的作用。同时，敦煌世家大族在佛教、石窟营造方面也发挥了重要作用，如令狐家族、张氏、李氏、曹氏等。莫高窟的第 285 窟是大统年间瓜州刺史东阳王元荣主持修建的。第 442 窟是北周张氏家族供养的，第 290 窟是李氏家族供养的，李贤曾任瓜州刺史。第 428 窟是北周建平公于义担任敦煌太守时开凿的大窟，对信徒礼佛、宣讲佛法起到了极其重要的作用。北朝统治者对佛教的支持，推动了敦煌佛教的发展，使敦煌成为名副其实的"佛城"（图 3）。

如果说从汉代到北朝，是莫高窟造窟由肇始到发展的重要时期，那隋唐时期就是莫高窟的辉煌时期，人们用"盛世"形容这一时期的敦煌。隋唐时期，大多数皇帝信奉佛教，从国家层面推动了佛教的发展。隋朝击败了西北少数民族，统一了大江南北，文、炀二帝均倡导佛教。开国皇帝隋文帝杨坚尊奉佛教为国教，并下令保

图 3　供养菩萨　莫高窟第 285 窟　西壁　西魏

护各地佛教寺院。当时远在河西的瓜州也得到皇帝庇护，杨坚专门派使臣到瓜州崇教寺（今莫高窟）建造舍利塔，不仅如此，还在全国各州开建舍利塔。史载隋文帝一生"度僧二十三万人，立寺三千七百九十二所，写经四十六藏，十三万两千另八十六卷，修故经三千八百五十三部，造像十万六千五百八十躯。"（《释迦方志》卷下）借着隋文帝积累的国力，隋炀帝关注河西的力度更大，他御驾西巡，在甘州（今张掖）召见西域 27 国使节。在隋朝统治的近40 年里，仅莫高窟就开凿了洞窟 70 余座。

　　汉朝与唐朝是中国历史上少有的盛世王朝，唐朝前期在西域设置安西都护府和安西四镇，稳固了西北边疆，商旅往来频繁，丝绸之路全线畅通。河西地区商业发达，贸易兴盛。伊吾之西，波斯以东，朝贡不绝，商旅相继。唐天宝十四年（755）安史之乱之前，从贞观之治到开元盛世，万国来朝，经济繁荣，莫高窟的开凿也达到了鼎盛，此时，中华文化、印度文化、中亚文化与西亚文化在敦煌高度融合，开创了世界历史上的鼎盛局面。安史之乱后，唐朝由盛转弱，雪域高原上的吐蕃王朝乘虚而入，统治河西，占领沙州，从此，莫高窟开启了 60 余年的"吐蕃时间"（786—848），时间对应于内地的中唐。因吐蕃政权大力扶持佛教，莫高窟的造窟没有停止，久盛未衰。吐蕃王朝结束敦煌的统治后，唐大中五年（851），张议潮率领敦煌民众归顺唐中央管辖，建立了归义军政权，在 200 多年时间里又陆续开凿了许多石窟。归义军时期分成两个重要时段，前期以张氏家族为主，新开洞窟 70 余座，以类似"家庙"性质的石窟为主。920 年之后，以曹议金为代表的曹氏家族接管敦煌，大力营造石窟，延续了 100 余年，但

图 4
各国王子
莫高窟第 98 窟　东壁　五代

单调、简陋的画风一直延续影响到西夏统治敦煌的时期。此时，
敦煌石窟开始走向衰微。张、曹归义军时期的石窟有第 94、98、
100、156、454 窟等（图 4）。

　　宋景祐三年（1036），西夏占领敦煌，统治时间近 200 年（含沙
州回鹘时期）。西夏王朝也笃信佛教，莫高窟仍有开凿，数量达百
余，但基本上是对前朝石窟的重修。莫高窟历代都有重修窟，西夏
时期重修的窟有莫高窟第 61、142（北区）、285、328、464、465 窟，
榆林窟第 29 窟等。沙州回鹘时期的窟有莫高窟第 148、310、399、
418 窟等（图 5）。

图 5　回鹘王子供养像　莫高窟第 409 窟　东壁南侧　西夏

南宋宝庆三年（1227），蒙古族占领敦煌。元朝疆域的扩大，改变了敦煌的地理格局，敦煌失去了西域门户的重要地位，随着陆上丝绸之路地位的衰落，敦煌作为中西交通中转的重要性也渐渐失去。

元朝统治者笃信佛教，但此时开窟数量并不多，据敦煌研究院统计，新造窟在10窟左右，重修窟有近20个，榆林窟有1窟，壁画重绘不少。这一时期明显的特点是寺院比石窟更流行。敦煌皇庆寺正是在此时修建，供养人为西宁王速来蛮和其妃屈术等。莫高窟元代洞窟有第95、465窟，榆林窟第4窟等（图6）。修复的洞窟有莫高窟第332窟、榆林窟第6窟等。

大明正德十一年（1516），敦煌被吐鲁番占领，嘉靖三年（1524），明王朝下令封闭嘉峪关，将关西平民百姓迁到关内，瓜州和沙州渐废弃，成为"风播楼柳空千里，月照流沙别一天"的荒漠之地，一片苍凉之景。明清两代凿窟活动已经结束，但洞窟的维修、补绘、清沙等活动还在继续，如以第138、454窟等为代表的娘娘殿就是明清时期的作品。

直到清朝康熙五十四年（1715），敦煌又重新得到重视。雍正三年（1725），设立沙州卫，迁内地56州县民户去敦煌屯田，并清除窟内埋沙。光绪二十六年（1900）道士王圆篆的到来，掀开了敦煌莫高窟的神秘面纱。

推荐阅读：樊锦诗主编：《莫高窟史话》，南京：江苏美术出版社，2009年；马德：《敦煌莫高窟史研究》，兰州：甘肃教育出版社，1996年；史苇湘：《敦煌历史与莫高窟艺术研究》，兰州：甘肃教育出版社，2002年。

图 6　供养菩萨　莫高窟 465 窟　元代

2 珍贵又脆弱的石窟艺术

　　历史上开凿的无数精美的石窟群如同珠玉般把丝绸古道连为一线，这些石窟，都是北魏至金元时期古代能工巧匠耗时千年的经典之作，是古人留给我们的智慧创造。文物是不可再生的脆弱文化体，也不可能永生，因此，我们要像善待自然环境资源一样珍视古人的智慧创造——文化遗产。2001 年，世界上最高的古代大佛，也是被中国古代高僧法显和玄奘瞻仰过的巴米扬石窟大佛被炸毁的情景依然历历在目，不堪回望。

　　莫高窟，俗称千佛洞，现存 735 个洞窟（南区 487 窟，北区 248 窟）。莫高窟是开凿在以砂砾岩为主的岩壁上的，经过 1600 多年的日晒、风吹、雨打、沙蚀等，洞窟出现了裂隙与断壁。古人言：譬如画壁灭，彩画亦皆亡。在 20 世纪 60 年代莫高窟栈道未修建之前，绝大多数石窟是裸露在外的，从敦煌旧影可以看出，当时只要有一个梯子，就可以爬上去（图 7、图 8）。

　　1931 年，道士王圆箓去世以后，莫高窟面临什么样的境况？这一时期，飞禽走兽出没，满目疮痍，破败不堪。近十年的时间，无

图 7　1943 年　英国李约瑟拍摄的敦煌莫高窟

图 8　莫高窟裸露在外的壁画　作者摄影

人管理，部分洞窟被黄沙淹埋，莫高窟变成了千疮百孔的荒芜之地。1944 年，国立敦煌艺术研究所成立，才开始了对敦煌石窟文物严格意义上的管理和守护工作。李其琼先生在《回眸敦煌美术工作》一文中写道："1943 年常书鸿所长领着第一批志愿者来敦煌创业时看见的莫高窟……许多洞窟崖壁坍塌，绘塑裸露，高处难以攀登。……初建的国立敦煌艺术研究所所址；就选在中寺（原皇庆寺）内。大家清除古庙尘土，因陋就简，略加改造，放几张桌椅就成了研究所的办公地。"敦煌莫高窟于 1952 年成立了石窟保管组，文物保护工作提上日程。国立敦煌艺术研究所成立之后，在莫高窟筑起了围墙。据孙儒僩先生回忆，国立敦煌艺术研究所成立之初，连上洞窟工作都是非常困难的，下层洞窟被沙堵住，上层洞窟之间没有通道，一切都得从零开始。莫高窟经 20 世纪 60 年代、80 年代、90 年代三次大规模修复加固，以层层缩进的错台和悬挑栈道相连而形成了今天所见的敦厚古朴的面貌。

各种病害也影响着莫高窟的面貌。莫高窟的病害主要表现在岩体、砾石层或地仗脱落，酥碱，起甲脱落，烟熏，空臌，裂隙，霉变等。《莫高窟（492 个洞窟）现状及病害调查统计表》中显示：有病虫害的洞窟高达 245 个，包含有活动性病害的洞窟 90 个，基本稳定正常的洞窟 247 个。另外，胶结材料的霉变老化对敦煌壁画造成了严重的伤害。敦煌研究院李最雄先生就做过调查：莫高窟被霉菌严重污染的壁画在 100 平方米以上。壁画中胶结材料等有机介质，在湿温条件下，会滋生大量霉菌从而破坏壁画，同时，强烈的光照辐射也会造成胶结材料的老化。若壁画中的胶结材料少，壁画又容易皲裂、起甲、掉粉、掉色、剥离，这些也算是莫高窟壁画较主要的病害。

近年来，莫高窟的参观人数猛增，洞窟的现状令人担忧。自1979年正式开放以来，已经接待国内外游客600多万人次。2002年，敦煌研究院与美国盖蒂保护研究所、澳大利亚遗产委员会联合开展"莫高窟游客承载量"研究项目。三国专家对莫高窟有壁画和彩塑的492个洞窟进行了系统的调查、评估、分析后发现，莫高窟窟内面积在13平方米以上、病害较轻且对外开放的洞窟只有112个。当洞窟内的湿度超过62%时，就会引起莫高窟岩体中的可溶盐向壁画表面运移，从而引发壁画空臌、酥碱、起甲等严重疾病，二氧化碳含量会超过1500ppm，将引起游客呼吸不畅，严重时会致人昏迷。据敦煌研究院统计，2012年，莫高窟全年参观人数是80万人次。在旅游旺季，2013年单日游客最高达到21000人次。2019年"五一"小长假游客总量就近35000人次，是自莫高窟2014年9月实施限流后的同期客流量新高，比2018年增长近七成。早在2014年，敦煌莫高窟开放管理委员会研究决定，从9月11日起严格执行参观新模式，其中莫高窟每日游客量将控制在6000人次以内。

3 │ 从建筑看莫高窟

印度是石窟建筑或说石窟寺的诞生地。也有观点认为石窟寺最早出现在古埃及。在古埃及中王国时期，尼罗河沿岸山崖上出现了岩窟墓穴，较有代表性的是拉美西斯二世在埃及南部开凿的阿布辛贝勒石窟寺。石窟寺规模一般较小，但形制和类型则比较丰富。我国石窟数量多，分布广，时间连续性强，我国具有代表性的石窟有新疆龟兹石窟、山西大同云冈石窟、河南洛阳龙门石窟、甘肃天水麦积山石窟等。甘肃武威天梯山石窟则被誉为"中国内地石窟鼻祖"（图 9 ）。

山丘与岩洞是石窟建筑的天然保障，成为造像、安像的最佳场所，故石窟建筑大多选择依山体、岩壁等而建，相传佛祖释迦牟尼悟道后在王舍城外的洞窟里对帝释天说法。印度境内散布着 1000 余座石窟，有佛教石窟、印度教石窟和耆那教石窟，以佛教石窟为最多。而石窟的形式主要分两大类：一类是自然形成的洞窟，或叫"天然石窟"；另一类是人工开凿的凿岩石窟。从功能上区分，石窟又分为两种样式：支提窟（佛堂功能，如诵经礼拜），毗诃罗窟（僧房功能，或称"精舍"，可休闲安居）。从总体上看，一个石窟群一般由

图 9　甘肃武威天梯山唐代大佛　伊斯梅尔摄影

一个或多个支提窟和若干毗诃罗窟组成。约前 3 世纪，印度开始凿岩开窟，如阿育王时期的苏达摩石窟、贡图帕利石窟群等，著名的阿旃陀石窟始造于前 2 世纪，高僧玄奘西行求法时曾朝圣该石窟，即《大唐西域记》中记载的"摩诃剌他国东境"的"阿折罗伽蓝及石窟"。

　　敦煌自古佛寺兴旺，莫高窟凿窟开龛造像，以鸣沙山东崖岩壁为天然屏障，洞窟层叠，上下三四层，悉有虚栏通连，若蜂窝状。窟型大致分为以下几种：

　　1. 中心塔柱式，也称塔庙窟，中心塔直达窟顶，像支柱一样，起到承重的作用。这类洞窟在中国早期洞窟中非常流行，如北朝洞窟，它是吸取印度支提窟的形制，结合汉式建筑人字披顶（歇山顶）而形成的一种窟样，人字披顶处在洞窟的前半部分。中心塔柱开龛形式多样，或一面如正面，也有三面或四面都开龛的，龛有单层、多层不等。莫高窟第 248、251、254、428 窟等都是属于此类窟型（图 10）。

2. 覆斗顶形式，顾名思义，顶若覆斗，或受汉墓结构影响，该形式是莫高窟样式的主流，集中在隋唐时期。窟形平面为方形，多在西壁或其他窟壁开龛供佛，代表洞窟有第 45、156、159、220、249、296、328、420 窟等（图 11）。

3. 殿堂式，或叫佛殿式，这类窟与覆斗式窟类似，但窟型偏大，不同的是殿堂窟一般窟中央有佛坛，佛坛上塑有佛像，佛徒礼佛时可绕佛坛观佛礼佛。唐代后期出现较多，如莫高窟第 16、61、85、98、146、196、205 窟等（图 12）。

4. 大像窟，即正壁塑一尊大佛的样式，或石胎或泥塑，佛像一般比较大，几十米高也有，如莫高窟第 96（俗称北大像窟，外有九层楼）、130 窟（又称南大像窟）等（图 13）。

5. 涅槃窟。该窟因为有佛床卧佛（涅槃佛），故形制上多为长方形，有券顶。涅槃佛有大有小，有塑也有绘。莫高窟的第 158、148 窟属于涅槃窟（图 14）。

6. 禅窟。其功用是供禅僧修习坐禅之用，其布局一般在主窟左右开窟，窟型不大，如莫高窟第 267—271 窟、第 285 窟等。

7. 僧房窟。佛僧起居或打坐之窟，窟内少见壁画、彩塑等，如莫高窟北区洞窟多有此窟，也有学者认为禅窟就是僧房窟。

8. 影窟。一般称为纪念窟，或为纪念高僧大德建造的石窟，窟型不大，多为覆斗式顶，室内塑有高僧像和壁画，或立有碑记等。如莫高窟第 17（藏经洞）、137、139 窟等（图 15）。

9. 瘗窟。瘗即埋藏、埋葬之意，《吕氏春秋》言："有年瘗土，

图 10　中心塔柱窟　莫高窟第 251 窟　北魏

图 11　覆斗顶　莫高窟第 45 窟　唐代

图 12　殿堂式窟　莫高窟第 61 窟　五代

图 13
弥勒佛像头部
莫高窟第 130 窟　盛唐
原版旧影　庐江草堂藏

图 14　涅槃窟　莫高窟第 158 窟　中唐

无年瘗土。"瘗窟，即安葬僧人遗骸尸骨的洞窟，大多没有固定窟型。莫高窟北区较多此类洞窟，有 25 座之多（图 16）。

窟的形式除了以上几种还有别的，如龛形窟，直接以窟当龛，安置造像；仓储窟（莫高窟北区）等。窟顶的形制多种多样，有人字披顶（莫高窟第 428 窟）、覆斗顶（莫高窟第 272 窟）、盝顶（莫高窟第 275 窟）、平顶（莫高窟第 268 窟）、拱顶（莫高窟第 148 窟）等。龛形也是各有不同，如圆拱龛、单层龛、双层龛、盝顶龛等。

唐时敦煌地区水草丰美，湖泊流泉星罗棋布，"前流长河，波映重阁"，"一带长河，泛泛波而派润；渥洼小海，献天骥之龙媒"（《大唐陇西李氏莫高窟修功德记》），记录了当时的盛景。"嶝道逴连，云楼架迥；峥嵘翠阁，张鹰翅而腾飞；栏槛雕楹，接重轩而灿烂"（《翟家碑》）的壮观景象是唐人对敦煌莫高窟外观形象的描述。昔日繁华随着窟檐坍塌、岁月剥蚀，只剩下残存的五座唐宋时期的窟面木檐：1. 第 196 窟，晚唐时期的檐柱、梁枋；2. 第 427 窟，宋开宝三年（970）；3. 第 444 窟，宋开宝九年（976）；4. 第 431 窟，宋太平兴国五年（980）；5. 第 437 窟，破坏严重，纪年不详（图 17）。

莫高窟究竟是如何营造的？按照马德先生的观点，一个洞窟从始建到完成，一般需要经过整修崖面、凿窟、绘制壁画塑像、修造并装饰窟檐或殿堂等程序。当然，实际的建造远远没有这么简单，材料的准备、工具的制作、颜料的采购与配置等也是非常重要的准备工序。

推荐阅读：玄奘述、辩机撰：《大唐西域记》，桂林：广西师范大学出版社，2007 年；萧默：《敦煌建筑研究》，北京：中国建筑工业出版社，2019 年。

图 15　洪辩影窟　莫高窟第 17 窟　唐代

图 16　莫高窟北区洞窟　有禅窟、僧房窟、瘗窟等　伊斯梅尔摄影

图 17　莫高窟木构建筑窟檐　作者摄影

4 | 神秘藏经洞

　　敦煌藏经洞的发现，在中国考古学史上堪称奇迹。没有人能详细地描述敦煌莫高窟这个神秘的"藏宝洞"，即便是第一时间打开它的王圆箓道士及其同伴。我们只能从他们的语言记述中去慢慢建构这个藏经洞的面貌（图 18）。

　　"藏经洞"是位于敦煌莫高窟南区北端第 17 窟的俗称，在下寺对面。莫高窟前共有三寺，上寺和中寺分别靠近莫高窟的南端和中端，为僧侣住所。1897 年，王圆箓道士来到莫高窟以后住在下寺，这或许就是命运的捉弄。号称近代中国学术史上四大发现之一的敦煌文献，就这样落入一个没有多少文化知识的王道士手中，这也决定了敦煌藏经洞文物流散的命运。据 1931 年王道士的徒子、徒孙所撰《太清宫大方丈道会司王师真墓志》中的记述，我们可以大致了解到藏经洞被发现的过程："又复苦口劝募，急力经营，以流水疏通三层洞沙。沙出，壁裂一孔，仿佛有光；破壁，则有小洞豁然开朗，内藏唐经万卷，古物多名。见者惊为奇观，问者传为神物。此光绪廿五年五月廿五日事也。"由此可知，王圆箓是在清除第 16 窟甬道积沙时，偶然发现的藏经洞（图 19）。

图 18　莫高窟第 17 窟 "藏经洞"

图 19　王圆箓道士在《唐僧取经图》墙绘前

1907 年，在敦煌莫高窟的斯坦因这样描述藏经洞："只见那些卷子一层层地乱堆在地上，足足有十英尺（1 英尺 =30.48 厘米）高，有五百平方英尺的面积，在九英尺见方的小屋中，塞得满满的，两个人进去后，便再也没有空余的地方！"（图 20）伯希和在 1909 年于法国各界在巴黎大学阶梯教室欢迎他的大会上，描述了他进入藏经洞的情境："他（王道士）最终为我打开了那个小龛，整个小龛不足三米见方，其中塞满了两三层文书。洞中有各种各样的写本，特别是卷子，但也有单页，既有汉文的，也有藏文、回鹘文和梵文写本。"（图 21）

1942 年来敦煌莫高窟的谢稚柳先生在《敦煌石室记》中写道："王道士夜半与杨某击破壁，则内有一门，高不足容一人，泥块封塞。更发泥块，则为一小洞，约丈余大，有白布包等无数，充塞其中，装置极整齐，每一白布包裹经十卷。复有佛帧绣像等则平铺于白布包之下。"这是一条比较详细的关于藏经洞被发现的记录。

敦煌研究院官方网站这样介绍藏经洞："光绪二十六年（1900）五月二十六日（六月二十二日），道士王圆箓雇用敦煌贫士杨果在清理第 16 窟时，发现墙壁后面有一个密室，洞内满是各种佛教经卷等文物，总数量约 5 万余件。这些珍贵文献，有汉文、藏文、梵文、龟兹文、粟特文、突厥文、回鹘文、康居文等，简直就是一个内容丰富的古代博物馆！佛书占敦煌汉文文献的 90% 左右。1907 年，斯坦因首次来到敦煌，从藏经洞取走了五大箱的文物。1908 年，法国汉学家伯希和来到敦煌莫高窟，从王道士手里'买走'了 6400 余件写本。1910 年，清廷下令把剩余的敦煌卷子运往北京保存。1914 年，斯坦因再次来到敦煌，从王道士隐藏的写本中买下了 570 余卷写本、绘画等。日本的橘瑞超、吉川小一郎，俄国的奥登堡，美国的华尔纳等人先后从莫高窟'买走'或劫盗了不同数量的经卷。"

图 20　1907 年　斯坦因在藏经洞口挑选文物的场景

图 21　1908 年　伯希和在藏经洞内挑选敦煌文献的场景

　　敦煌藏经洞的封闭原因，是学术界的一个研究热点。关于封闭的原因有各种说法，历来有"避难说""废弃说""曹氏封闭说""宋绍圣说""书库改造说"等等。持"避难说"观点的学者也认为藏经洞的"封存活动是有秩序地进行的，并且在封好的门前用壁画做了必要的掩饰，以致当事者离开人世后被人们长期遗忘"（贺世哲《从一条新资料谈藏经洞的封闭》）。方广锠认为：敦煌遗书是佛教寺院藏书，但洞中所藏并无完整大藏经，所收入者乃单卷残部，碎篇废纸，因而"避难说"不能成立。他提出了敦煌遗书被废弃的"废弃说"，从佛教徒对破旧佛典的敬畏心理解释了无用之佛经不可随便丢弃，又根据北宋以来敦煌佛经来源充裕、纸张供应状况得到改善的状况，推断出当时清理残破无用之经典的必要性和可能性，从而论证了废弃说的合理性。说法多种多样，但是每一种说法刚被提出来，就立即遭到否定，很难有一种说法能够立于不败之地。也许敦煌藏经洞封闭的缘由是一个永恒难解的谜，世界上许多重大的文化遗址都带着巨大的谜团。也正是这些无法破解的历史之谜，才使敦煌藏经洞这样的文化遗址充满了无尽的魅力。

敦煌莫高窟藏经洞文物的流失，与其说是一种巧合，不如说是一种注定！在斯坦因提出第二次中亚考察计划时，我们已经嗅到西方探险家到亚洲腹地探险的阴谋：由印度政府和大英博物馆共同资助的斯坦因，在斯坦因出发到敦煌前，已经商议了带回文物的分配比例：印度政府得五分之三，大英博物馆得五分之二。显然，这是一种赤裸裸的盗宝计划。斯坦因两次敦煌之行，几乎劫取了敦煌藏经洞四分之一的收藏。根据大英博物馆留存的斯坦因档案显示：1916 年，绘画品的分配比例和分配原则，具有中国风格的归大英博物馆，具有印度风格的归英属印度政府。斯坦因所获绘画品共 536 件，其中绢本画 335 幅，麻布画 94 幅，纸本画 107 幅，有 282 件藏在大英博物馆，254 件藏在现在的印度新德里博物馆。

斯坦因是第一个进入藏经洞挑选敦煌文献的外国人。根据敦煌研究院的数据，斯坦因两次敦煌之行：1907 年，斯坦因第一次获取经卷、印本、古籍共 24 箱，佛画、织绣品等 5 箱；1914 年，斯坦因第二次获取经卷约 600 件。斯坦因两次获取敦煌文物共计万余件。斯坦因获得如此宏富的巨量藏品，只耗费了不足 700 两银子。这些藏品，现分藏在四个地方：大英博物馆、大英图书馆、印度新德里博物馆、匈牙利科学院。根据近年来各种统计数据，英国收藏敦煌艺术品和文献有 14000 余件（图 22—图 27）。

推荐阅读：［英］斯坦因：《发现藏经洞》，桂林：广西师范大学出版社，2000 年；罗华庆：《发现藏经洞》，上海：华东师范大学出版社，2010 年

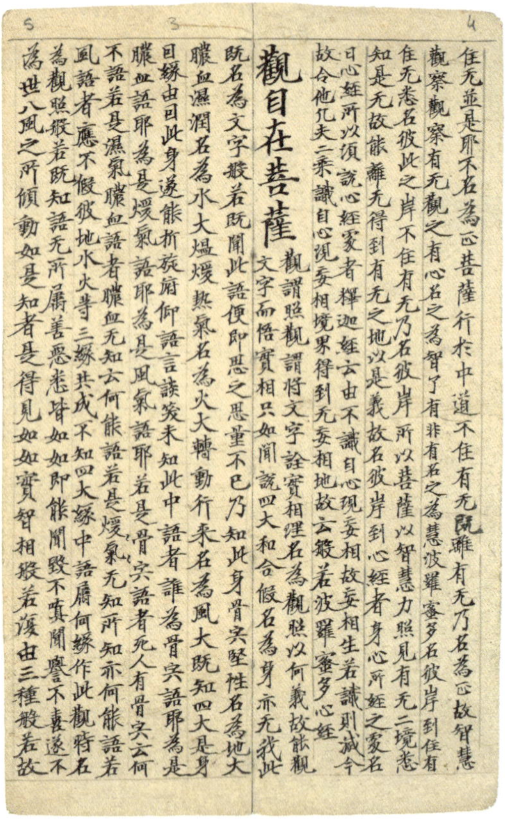

图22 《般若波罗蜜多心经》　敦煌遗书　法国国立图书馆藏

图23 唐代《菩萨立像幡》　敦煌遗画　大英博物馆藏

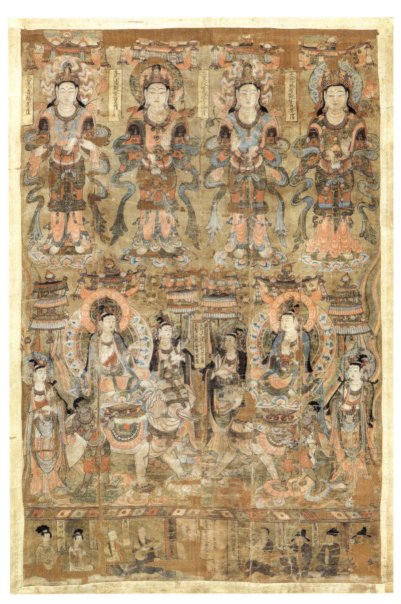

图24　《菩萨像》　敦煌遗画　大英博物馆藏　唐代

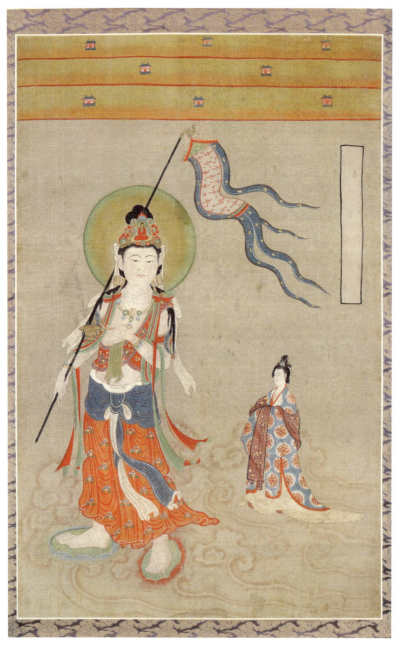

图 25-1 《引路菩萨图》 敦煌遗画 大英博物馆藏 五代

图 25-2 《引路菩萨图》局部

图 26-1 《南无地藏菩萨像》 敦煌遗画 大英博物馆藏 宋代

图 26-2 《南无地藏菩萨像》局部

图 27 宋代《南无观世音菩萨》 敦煌遗画 大英博物馆藏

5 | 如何观看石窟？

　　石窟的观看方式由石窟的构造、造像布局和功用决定。石窟内琳琅满目、精美绝伦的壁画和雕塑，让人无比震撼，以至于很多人进入石窟以后，不知该从哪里开始观看。佛教石窟的形成和佛教的诞生、发展有密切关系。在印度，广义的石窟类似于寺院，即大的精舍，是佛教徒讲习、修道的道场。早期的石窟，一般是一个方形的大洞窟，后室有佛堂，两边有小石室，小石室的空间不大，可容纳一两人。三面石壁，一面是门。"方丈"之谓或从此始，方丈指一丈四方之室。印度之僧房多以方一丈为制，维摩禅室亦依此制，遂有方一丈之说，转而指住持之居室，今转申为禅林住持，或对师父之尊称。早期印度僧人没有财产，生活比较简单，类似苦行僧。

　　天幕遮风雨，偶像避凶邪。《根本说一切有部毗奈耶杂事》记载："即于石上，画作其像。"意言难陀初出家到寺庙生活，经常坐于石上思念俗家妻子，并为其画像。难陀画像这件事被大迦叶看到了，便劝告难陀："佛遣比丘做两种事，一者习定，二者读诵，汝今弃自画妇形。"后来大迦叶将此事告诉佛陀，佛陀即规定比丘不应作画，并明确地说："不得画作众生形象。"以强调他不赞成修学佛法的比丘们作画的行为。根据阎文儒先生的观点，早期印度佛教石窟如阿旃陀石窟是不造佛像的，石窟是佛教徒为了纪念释迦，为学释迦的苦行而凿成的。刻画题材为布施本生，当时雕刻佛像之风未起，代替佛以象、菩提树、铁钵、佛足、塔、轮宝等，为礼拜对象。《增一阿含经》等早期佛教经典均有这样的说法："如来身者，为是大身，此立不可思议，所以然者，如来身者，不可造作，非诸天所及……如来身者，不可摹测，不可言长言短，音声亦不可法则。"可知佛教最初是禁止塑造佛像的，故在早期石窟中是见不到佛像的（图28）。

在古老的寺院或石窟参观，因为有大量佛教造像，参观者在心理上或许会比参观其他文化古迹多一层敬畏。在佛教寺院和石窟参观时，一般会看到两种参观方式：一种是右旋式，即沿顺时针方向参观；另一种是左旋式，即沿逆时针方向参观。参观者大多以右旋式参观为主。那么，右旋式参观在佛教中是否还有其他意义呢？武周于阗国三藏沙门实叉难陀等译的佛经《右绕佛塔功德经》中有言："尔时长老舍利弗即从坐起，偏袒右肩，右膝着地，合掌向佛，以偈请曰：大威德世尊，愿为我等说，右绕于佛塔，所得之果报。……右绕于佛塔，所得诸功德，我今说少分，汝等咸善听。"这段佛经中就提到了右绕佛塔的诸多好处和功德。

礼佛是古代佛教徒很重要的佛事活动，敦煌莫高窟就有专门供佛教信徒礼拜、做佛事的石窟。如莫高窟第23窟，洞窟内就绘有佛教徒绕塔礼佛的画面。佛塔外围有6位佛弟子双手合十，右旋围塔礼佛。诸多佛经或佛论中都提到"绕塔"：达摩祖师在《破相论》中言："绕塔行道者，塔者是身也，当修觉行巡绕身心，念念不停，名

图 28　印度早期石窟内部结构　阿旃陀石窟第 2 窟的大厅

为绕塔。过去诸圣皆行此道至涅槃时，今时世人不会此理，曾不内行，唯执外求，将滞碍身绕世间塔，日夜走骤，徒自疲劳，而于真性一无利益。"《一切如来秘密舍利陀罗尼经》中言："乃至应堕阿鼻地狱者，若于此塔一礼拜、一转绕，彼等皆能得以解脱。"《华严经·净行品》中言："绕塔三匝，当愿众生；勤求佛道，心无懈歇。"因此，到了有佛塔的地方可如法绕塔，不要拍个照片就马上离开了。以佛像为所缘境进行转绕，这个功德也非常大（图 29）。绕塔礼佛的情形与参观石窟的方式相类似，绕塔一般是沿开放的空间行走，而观看石窟则是在有限的空间做循环参观。

推荐阅读：宿白：《中国石窟寺研究》，北京：文物出版社，1996 年；赵声良：《敦煌石窟艺术总论》，兰州：甘肃教育出版社，2013 年。

图 29 绕塔拜佛 莫高窟第 23 窟

画壁丹青

1 | 包罗万象的莫高窟壁画

敦煌研究院第三任院长樊锦诗先生说："敦煌是永远读不完的，无论你读书万卷还是学富五车，在敦煌面前，你永远是个才疏学浅的小后生。"的确，敦煌莫高窟像浩瀚深邃的艺术海洋、无穷的艺术图像博物馆，又像是包罗万象的大百科全书，徜徉在几万平方米的壁画之间，我们可以触摸到1000年连绵不断的历史脉息。在壁画中埋藏着各种历史信息、民族外交和社会生活的片段，如民族交往、使者来朝、商贾贸易、礼仪风俗、婚丧嫁娶、农桑耕种、舟泊车行、骑射出行、宴饮乐舞等。

我们在关注壁画的同时，也会注意到另一个词：岩画。岩画是世界绘画艺术早期的重要形态，以其宏大的叙事性和视觉冲击力而受到青睐。从某种意义上说，是岩画掀开了人类古老绘画的大幕，在世界各国发现的早期岩画（或洞穴画，直接在山体外自然岩壁或洞穴内自然岩壁上涂绘）就被认为是壁画艺术的一种，或称为壁画艺术的先声。现在已经发现的较早的岩画有法国西南部的拉斯科洞窟岩画、西班牙阿尔塔米拉洞穴岩画、瑞典的塔怒姆岩画、南非的

布须曼岩画等，这些都是年代久远的古老绘画，时间大多在距今
5000 年以上。在我国境内也发现了大量的岩画，如广西、内蒙古、
宁夏、新疆等地。

现代意义上的壁画是区别于岩画概念的，是人工制作壁面的
一种绘画形式，如建筑物的墙面等，石窟壁画、墓室壁画、宫殿
壁画、寺观壁画等也就这样区别于岩画而诞生了。敦煌壁画属于
石窟壁画的范畴，因敦煌石窟岩体（图 1）属于酒泉系砾石岩层，
不适宜在岩石上直接绘画，也不适宜在其上直接雕刻、彩塑。既
然敦煌石窟的岩体不能直接绘制壁画，那要经历怎样的工序才可
绘制壁画？

古代壁画除岩画外主要有两种方式：一是制地壁画，或叫刷底
壁画，即通常所说的干壁画或湿壁画；二是镶嵌壁画。敦煌研究院
马强先生认为：敦煌壁画是属于干壁画中的胶彩壁画，古代壁画绘
制在以酒泉系砂砾岩崖体为地仗支持体，用掺有各种植物纤维的黏
土为地仗的壁面。敦煌壁画的主要特点是在干燥的泥土墙面上，用
无机矿物颜料、有机颜料和动、植物胶为胶结材料整体绘制完成的
壁画。这与欧洲传统的湿壁画有较大的不同（图 2、图 3）。

莫高窟壁画包容万象，题材丰富，内容包含面极广，如经变画
中的打猎、耕田、行舟等场面，都反映了当时社会面貌的各个方面。
在世俗人物画中，壁画中描绘的人物既有帝王将相，也有平民百姓。
莫高窟壁画的用色也是丰富多彩的，依朝代不同而呈现出不同的美
感。这些绘制壁画的颜料虽源自不同地域，但在敦煌壁画上却得到
了统一协调的运用，使画面和谐又层次丰富。这都体现出了莫高窟
壁画巨大的包容精神。

图1 莫高窟北部洞窟岩体 作者摄影

图2 各国王子（维摩诘经变局部） 莫高窟第454窟 东壁北侧 宋代

图3 达·芬奇《最后的晚餐》 湿壁画 米兰圣玛利亚修道院藏

2 | 绘制莫高窟壁画的人

　　敦煌研究院第二任院长段文杰先生在研究榆林窟壁画时指出归义军"曹氏政权在瓜沙设有画院，画院里的画工有不同的称谓，如画匠、知画手、都画匠作、都勾当画院使等。据敦煌石窟遗书还有塑师、画师等等"。归义军曹氏时期沙州不仅已经出现了民间的画行，还建置了隶属于官府的画院，画行作为行侣的同业组织，代表了行侣的共同利益，设有行首，画行都料则是画行中有高级技艺的师傅，有时带节度押衙的结衔。画院设有画院使，是节度使衙僚佐一类的职务。当时敦煌画工的称谓有画师、绘画手、丹青上士、画窟先生、院生、画匠等。

　　在各类敦煌文献中会发现和石窟营建相关的词有许多，如看窟、下彭、打窟、调灰泥、上泥、画窟、安窟檐、安窟门、油窟门、上梁、脱墼、垒墙、易沙、堆沙、栽树等。根据从事的工种，敦煌工匠大致分成两类人：一类是服务于生活、生产的工匠，如石匠、铁匠、木匠、索匠、褐袋匠、染布匠、瓮匠、帽子匠、皮匠、鞋匠、金银匠、桑匠、泥匠等；另一类是从事文艺创作活动的工匠，如打窟人、画匠、塑匠、笔匠、纸匠等。工匠中也有等级之分、辈分之别，按技术分有都料、博士、师、匠、生等。都料，是工匠技术级别最高者，在汉、唐时期，是掌握设计与施工的技术人员。相当于我们现在的教授，也是工程的规划、设计、指挥者，都料涉及大多数行业，如画匠都料、塑匠都料等。都料之后是博士，博士需要有过硬的专业技术，是从事高难度技术并独立完成每一项工程的工匠。博士一名，古时有三种含义：一是官名，掌管书籍文典等；一是专精某种技艺之人，高级工匠，即敦煌博士这一类；还有一种意思是专指木匠，多见于方言。匠是指有独立能力完成一般技术性劳动的人，这类工匠人数较多，与博士构成整个工匠队伍的中坚力量。工匠中最后一个级别是生，或称学徒工、帮手。

敦煌工匠创造了精美的壁画、彩塑、幽深的石室建筑，他们默默营造、勤劳的身影也被长久地绘制于敦煌壁画上，如莫高窟第72窟绘有《修塑大佛图》《临摹佛像图》，这些敦煌壁画生动展现了一个个形象鲜活的劳作着的身影，他们的形象留之于石壁，是十分珍贵的画史资料。自古以来，工匠的地位并不是太高，敦煌石窟的这些工匠们亦然，唐张廷珪《谏表》云："通什工匠，率多贫窭，朝驱暮役，劳筋苦骨，箪食瓢饮，晨饮星饭，饥渴所致，疾病交集。"可见当时工匠生产生活状况的糟糕。敦煌文书《王梵志诗》中也描述了古代工匠卑微的生活地位："工匠莫学巧，巧即他人使。身是来自奴，妻是官家婢。"这些出身卑微的工匠们在宗教信仰和艺术修为上选择了精进，留下了伟大的艺术，值得今天的我们去缅怀、学习（图4）。

马德先生说：敦煌工匠是敦煌石窟艺术的设计大师和制作大师。

图 4　御容山大佛安装佛头　莫高窟第 72 窟

敦煌石窟给我们留下了恢宏的艺术品，却没有留下创造这些伟大艺术的艺术家的名字，画史上那些名垂千古的艺术家们不曾有一个参与绘制敦煌壁画或者在敦煌留下踪迹。在敦煌历史上，只有留下了关于工匠的记载。敦煌历代艺术创作全部由工匠们完成，这个完成过程包含设计、制作、绘制、彩塑等。有限的文献记载告诉我们，敦煌艺术的创造者的确是一群普通的工匠。

推荐阅读：马德：《敦煌古代工匠研究》，北京：文物出版社，2018 年。

3 | 壁画从材料开始

莫高窟壁画的材料包含崖体、壁画和依附体的所有材料，如崖体层、地仗、颜料等。

壁画的支撑体——崖体层

莫高窟的崖体层属于酒泉系砂砾岩，属第四纪砾岩（图5）。由小鹅卵石、砂土、钙质物混凝而成，浅灰色，呈半胶结状态，含大量石英，还有钠长石等。因敦煌地区气候干燥，属于温带大陆性气候，故崖体比较坚硬牢固，才抵挡了千年岁月的侵蚀；但也会出现砂砾层中含有蒙脱石和可溶性盐类的情况，这样的崖体遇湿会膨胀，从而导致壁画剥落。

图5　莫高窟崖体

地仗层

地仗层用到的材料一般为水、泥、麦秸、麻、棉花等。作为基础体的敦煌壁画的地仗层是壁画最重要的部分。壁画的地仗层在用泥上也是比较谨慎和科学的，地仗层一般分为粗泥层和细泥层。粗泥层涂在最底层，在粗泥中糅合麦草、麻筋等粗纤维物质（图 6）或较大的沙粒，让地仗层与支撑体紧密结合，并起到找平的作用。等粗泥层变结实后，再在其上层涂上细泥以平整壁画墙面，为了使壁画更结实、不开裂，敦煌工匠还会在细泥中加入较细的纤维物质，比如碎棉、黄麻、亚麻、毛、纸筋等，调和均匀，这样能更好地起到增强墙面拉力的作用，并让墙面保持平整。待地仗层干透后，将细泥层表面打磨光滑，再用薄薄的高岭土或白垩石粉调和在细泥层上整体通刷一层白粉，再刷白矾水，使之光洁，就可以绘制壁画了。

图 6　莫高窟窟区前的植物　20 世纪 40 年代原版旧影　庐江草堂藏

颜料

敦煌壁画如此巨量的颜料是从哪里来的？主要有三个来源：敦煌本地及周边地区、中原地区和西域。

敦煌壁画的绘制材料包含颜料、胶合剂等。敦煌研究院吴荣鉴先生曾提到过，敦煌壁画中使用了 20 余种无机颜料和一定比例的胶结物质，其中大部分是天然矿物颜料（图 7）。敦煌莫高窟壁画使用矿物颜料之丰富，俨然像一本古代矿物"百科全书"。矿物颜料的特性是有比较高的饱和度和光泽感。敦煌壁画中用到的颜料比较丰富，有无机矿物颜料、有机植物颜料、敦煌地区土制颜料（或称敦煌土），还有少量人工合成颜料（吴荣鉴先生认为是早期化学颜料）。颜料又主要分为以下几大系：矿物系、植物系、动物系、土系。矿物颜料，是经过严格加工的透明状或半透明状的晶体矿物，让敦煌壁画历经千年依然色彩艳丽。敦煌壁画使用的颜料主要有以下几个色系。

白色系。有高岭土（敦煌俗称白土）、

图 7　莫高窟周边采集的可做颜料的矿物

图 8
用于人物面部的白色
莫高窟第 112 窟　中唐

白垩粉（白善土、画粉，敦煌俗称白土）、云母、蛤粉（珍珠粉）、铅粉（亚铅华、官粉、胡粉）等。如敦煌第 112 窟壁画中《反弹琵琶》就使用了云母（图 8），这类云母取自敦煌莫高窟南面水波沟中。

黄色系。有石黄、藤黄、铅黄（密陀僧）、雄黄（加工过的硫黄，吴荣鉴先生认为雄黄是黄色系，也有人将雄黄归类在红色系）、雌黄、黄铜粉、金泥（真金粉）、黄檗等（图 9）。

黄檗的产地在中国川陕之间，离敦煌也不远。黄檗应用最广泛的是它的药用功能——防虫，故多用在制纸方面，如敦煌写经染纸、曾为皇家诏令用纸，其纸张中就有黄檗。1995 年，欧洲学者用质谱分析出现存世界上最早的雕版印刷品、被斯坦因从敦煌藏经洞带往英国的《金刚经》（图 10），其纸张就经过了黄檗染色。

目前在敦煌壁画中发现的黄色以藤黄为主，藤黄的原产地是柬埔寨。20 世纪 30 年代，美国哈佛大学福格美术馆的盖坦斯，对华尔纳从敦煌用胶水劫去的敦煌壁画标本进行研究分析，发现在这些壁画中含有多种无机矿物颜料，其中就有藤黄。在敦煌藏绢画上也发现了藤黄，如 8 世纪的敦煌绢画《藏传图幡残片》，EQ. 1154，9 世纪的敦煌绢画《持红莲菩萨立像》，EQ. 1399 等。

红色系。有朱砂（辰砂，为丹青之首色）、铅丹（漳丹、黄丹、朱丹、铅华，属合成化工颜料）、朱磦（朱标、朱膘，出自朱砂）、胭脂（红花）、银朱（由硫黄同汞升炼而成，色彩比朱磦要鲜亮一些）等。

2008 年，法国国立美术馆科学研究所在伯希和带去的敦煌纸绢画和麻织物上发现了植物颜料藤黄、胭脂（红花、燕支）、紫铆等。敦煌壁画中的胭脂色，据文献记载源于西域的红花，也有认为源自河西焉支山的红蓝花。晋崔豹《古今注·草

图 9　唐代《观世音菩萨》　敦煌绢画　大英博物馆藏

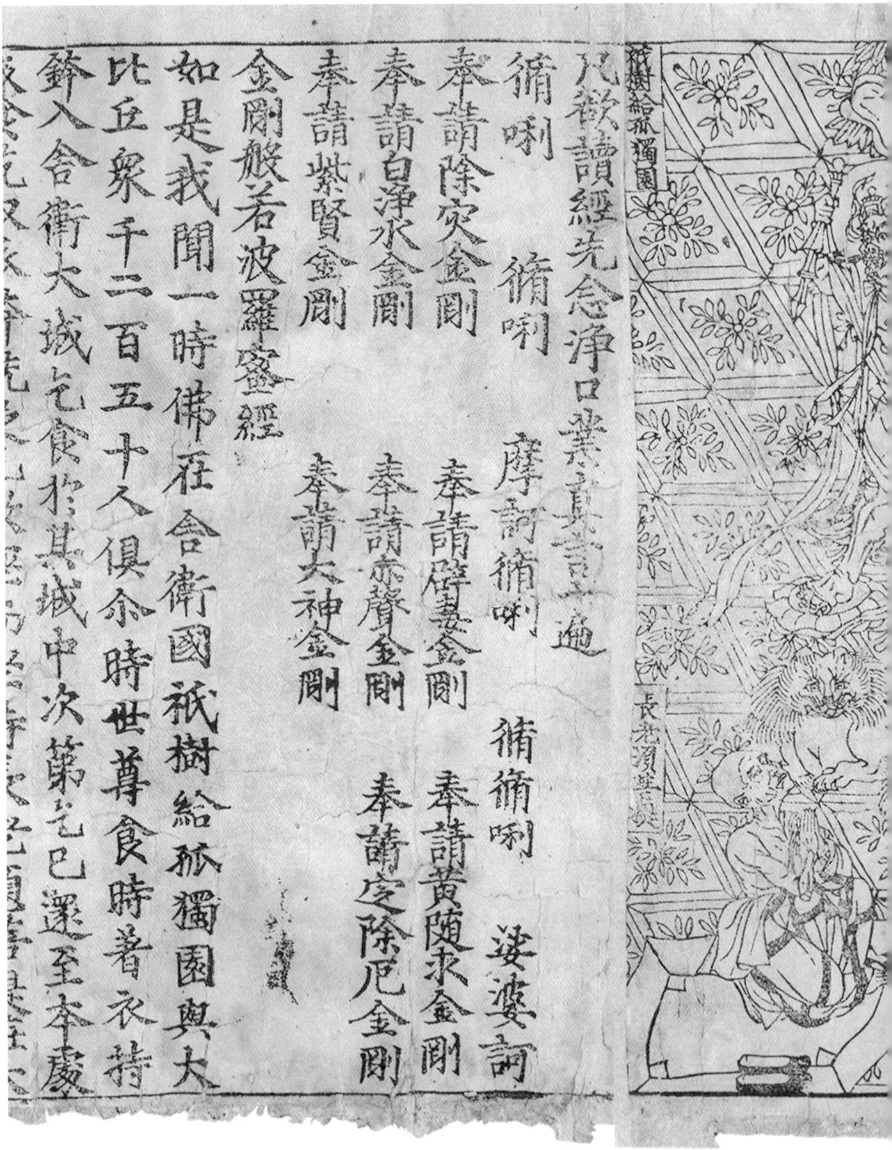

凡欲讀經先念淨口業真言○遍

徧唎　徧唎　摩訶徧唎　徧徧唎　婆婆詞　通

奉請除災金剛

奉請白淨水金剛

奉請紫賢金剛

奉請大神金剛

奉請辟毒金剛

奉請赤聲金剛

奉請黃隨求金剛

奉請定除厄金剛

金剛般若波羅蜜經

如是我聞一時佛在舍衛國祇樹給孤獨園與大

比丘眾千二百五十人俱尒時世尊食時著衣持

鉢入舍衛大城乞食於其城中次第乞已還至本處

图 10　《金刚经》局部　敦煌遗书 S. P002　咸通九年雕版印刷　大英博物馆藏

木》中记载："燕支，叶似蓟，花似蒲公，出西方，土人以染，名为燕支。中国人谓之红蓝，以染粉为面色，谓为燕支粉。"这里的"西方"，指的是中国西北地区的焉支山下，匈奴人曾在这里生活。"红蓝"是一种草本植物，提取其红汁可制成妆面颜料——"燕支"，显然，这个命名源于红蓝花的产地——燕支山（焉支山）。约在南北朝时，人们在燕支中加入动物油脂，使其从粉状变成脂膏，变得润滑而方便涂抹，燕支也被叫作"胭脂""烟支""燕脂"等（图11、图12）。

绿色系。有石绿（孔雀石，根据深浅分为头绿、二绿、三绿）、沙绿、氯铜矿（现代色彩学名）、绿盐（盐绿）、绿泥石等。（图13）

蓝（青）色系。有石青（蓝铜矿）、青金石（佛青、群青）、靛青（靛蓝）等（图14、图15）。我国汉代已经开始将蓝色染料用于织物，在湖南长沙马王堆汉墓一号墓出土的青色织物中，就发现了靛蓝染料。到唐代，植物蓝的使用更加普遍，如唐段成式在《酉阳杂俎续编·支诺皋中》记载："姚司马者，寄居汾州……经年，二女精神恍惚，夜常明灯挫针，染蓝涅皂。"从夜起染蓝可以得知，唐代的染蓝活动已经深入千家万户。敦煌藏经洞出土的文献中也有关于靛蓝的记载，如英藏 S.3227v 号敦煌唐写本字书在残存的"彩色部"中就记载有"蓼滥（蓝）"。在稍晚的俄藏敦煌文献《蒙学字书》的"颜色部"中也记载有"青淀（靛）"。这些都说明在当时靛蓝的使用是比较普遍的。靛蓝就是我们今天中国画颜料中的花青，常用于衬色或罩色，主要为石青衬地，发挥"分衬所画之物"的作用。在美国华尔纳盗取的敦煌莫高窟第 328 窟供养菩萨塑像（图16）身上也发现了靛蓝，它被石青所覆盖。

图 11　《引路菩萨像》　敦煌遗画　唐代　大英博物馆藏

图 12　壁画中的红色　莫高窟第 428 窟　北周

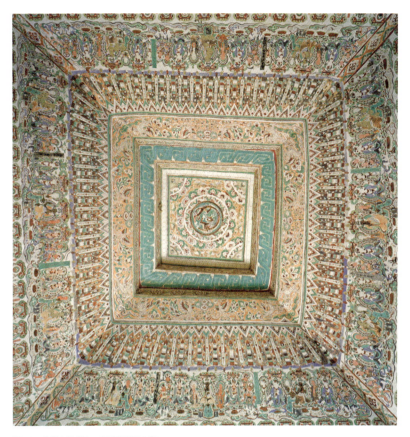

图 13　藻井中的绿色　莫高窟第 61 窟

　　黑色系。有墨（无形碳）、烟炱、松烟、胡麻油烟、菜种油烟、二氧化铅。

　　棕色系。有赤铁矿、土朱（赭石），后者会呈现三种色相：棕色、赭色、铁色。

　　土色系。有敦煌土（赤土）。

图 14　敦煌绢画中的蓝色　《天王像》　唐代　大英博物馆藏

图 15　壁画中的蓝色　莫高窟第 290 窟　北周

　　此外，还有用木炭、骨头、动物血等辅助材料制成的颜料。天然无机矿物颜料因为固着力低，需要胶结材料掺和调配，于是工匠们开始炼制胶液。唐代张彦远在《历代名画记》中也谈到绘画用胶："云中之鹿胶，吴中之鳔胶，东阿之牛胶，漆姑汁炼煎，并为重彩，郁而用之。古画不用头绿、大青，取其精华，接而用之，百年传致之胶，千载不剥。"这段文字记载了各地生产的胶液，以及如何炼胶等等，还说这种掺和胶液的色彩，可以做到千载不剥。于非闇先生在《中国画颜色的研究》中说："中国画的色彩，……一方面是选择原料，加工炼制；一方面是利用胶矾，使它固着不剥不落。"这里有一个我们在谈壁画时经常会提到的词"胶矾"，矾是指明矾，由矾石煎炼而成，呈半透明状，仿佛水晶。明矾和胶混合在一起可以帮助胶起固定颜色的作用。敦煌壁画颜料胶结材料为

动物、植物的天然有机化合物，如动物的有皮胶、骨胶，植物的有桃胶等。动物胶主要是用马、牛、驴等动物的皮或骨制成，有的地方还会用鱼骨来制胶，比如日本东京国立文化财研究所见城敏子对日本古代绘画做过大量颜料分析，发现就有鱼骨胶掺和在颜料中，有时还会加入蛋清。植物胶主要是用果树的树脂，如桃胶等来制胶，植物胶较动物胶更透明，但黏性要弱一些。我们现在绘制壁画使用的明胶是用动物的皮、骨熬制成的动物胶。

图 16　华尔纳盗走的莫高窟第 328 窟供养菩萨像　美国哈佛大学塞克勒博物馆藏

4 | 莫高窟壁画与中国色

　　走进莫高窟，映入眼帘的是五彩斑斓的壁画。中国人使用矿物颜料进行彩绘，可以追溯到远古时期，从新石器时代的彩陶到唐宋元明清的绘画中都可见其踪迹，是谓"丹青"。《汉书·苏武传》记载："竹帛所载，丹青所画。"丹即丹砂；青则为青䥽，为两种可作颜料的矿物。《晋书·文苑传·顾恺之》中记载："尤善丹青，图写特妙。"因我国古代绘画常用朱红色和青色两种颜色，丹青成为绘画艺术的代称。

　　印度《质多罗经》中曾提到过五种基本颜色：白、黄、红、蓝和黑。《考工记》中也有记载："画缋之事，杂五色。东方谓之青，南方谓之赤，谣方谓之白，北方谓之黑，天谓之玄，地谓之黄。"印度五种基本颜色与中国的五行色青、赤、白、黑、黄基本相同。随着印度佛教文化的传入，印度艺术与灿烂的中国古典文明融合，共同影响着敦煌的洞窟壁画。

　　敦煌画所需的颜料大部分都来自中原地区和西域，因此颜料的供应决定了敦煌壁画的色彩。刘玉权作为较早关注到敦煌颜料与敦煌壁画色彩关系的研究者，在谈到沙州回鹘时期的敦煌壁画色彩时说："回鹘时期，由于河西走廊中段党项人与甘、凉地区回鹘、吐蕃人的频繁战斗，中西交通受阻，颜料来源困难，敦煌壁画颜料品种相应减少，常用的仅有铁朱（赭红）、铜绿、石青、白、黑等寥寥数种……除少数洞窟敷彩比较浓重外，多数敷彩趋于单薄，有一定的透明度，加上部分颜料的变色，致使现存的壁画多为偏冷的青绿色调。"敦煌画颜料来源因为战争受到的影响，直接反映在了这一时期敦煌画艺术风格的转变上。下面我们来了解一下在敦煌壁画中较常出现的几种颜色的妙用。

白色

白色在敦煌壁画中一个重要的功能是作壁画的底色，人们将以白色为壁画底色的壁画称为"粉壁""粉图"。唐代诗人李白在《观博平王志安少府山水粉图》中写道："粉壁为空天，丹青状江海。"在《当涂赵炎少府粉图山水歌》中写道："讼庭无事罗众宾，杳然如在丹青里。五色粉图安足珍，真山可以全吾身。"李白的这两首诗，皆赞许了壁画作品的创作。吴荣鉴先生认为敦煌各时期洞窟顶部以及南北朝时期的部分说法图、故事画皆以白色为底。蛤粉作为壁画中常用到的白色颜料，多用于敷设壁画人物的肤色，达到粉妆淡抹的视觉效果（图17、图18）。

白色，也是敦煌壁画中肉色的调和色。敦煌壁画中用"凹凸法"叠染人物肤色时主要用朱丹来表现，朱丹调和白色可以表现出人物的肤色，北魏时期在敦煌莫高窟壁画中比较常见。敦煌研究院对莫

图 17　没有变色的面容　莫高窟第 14 窟　晚唐　　图 18　莫高窟第 275 窟　北凉

高窟壁画中人物画颜料取样分析，结果发现，敦煌壁画变色的原因
之一就是莫高窟壁画中的人物使用了朱丹和含有朱丹的调和色，经
千百年的氧化反应，彻底改变了初绘时的色彩面貌（图 19）。吴荣
鉴先生在谈到敦煌壁画返铅变黑的原因时说："敦煌壁画的人物肤色
是没有铅粉的，造成早期人物画变色的主要原因是，永不变色的滑
石粉或蛤粉加入少量容易变色的朱丹，混合成近似人物肤色的调和
色，朱丹返铅变黑；少量黑色与大量白色相混而变成铅灰色；以凹
凸法染的部分由于叠染了一层纯朱丹，变色后成黑色，与眼睑和鼻
骨部分叠染的纯滑石粉和蛤粉形成了层次分明的黑白灰色。……早
在南北朝时期，敦煌画工对铅粉已弃而不用，而朱丹仍用之。"朱丹

图 19 肤色完全变色的人物 莫高窟 321 窟 初唐

中含铅，时间久了产生氧化反应，颜色会返铅变黑。现在我们看到敦煌壁画上许多人物的面部与肌肤部位多为深色，形同黑人，神秘莫测，就是因为当时的图像生产者们使用了朱丹的缘故。

戴有诚先生认为："现在壁画上的棕黑、灰黑、浅棕色，是由原来的深红、灰红、粉红等色演变而来。窟内异味气体是由壁画泥底的材料麦草、蒲绒、棉花这些有机化合物在泥底中发酵、腐烂、分解挥发而至，它们对壁画也产生着破坏作用。"

唐代张彦远在《历代名画记·论画体工用拓写》中提到"武昌之扁青，蜀郡有铅华"，此处的铅华指的便是白色的铅粉。铅粉，又名胡粉，产自西域西边的中亚胡国，是古人用化学方法制造出来的一种白色，原料为铅。铅粉比蛤粉细洁，常用于女子妆饰。古时女子化妆所用铅粉，崔豹在《古今注》中也有提到："纣烧铅为粉，名曰胡粉，又名铅粉。萧史炼飞雪丹，与弄玉涂之，后因曰铅华，曰金粉。今水银腻粉是也。"妇女妆饰用的铅粉贵重程度胜过金银，是古代贵族用的奢侈品，在唐代，四石麦子才能交换一两铅粉，可见铅粉价格之昂贵。

红色

在敦煌壁画中朱砂和朱磦使用比较普遍，北魏至五代时期壁画中均可发现。清代王概论朱砂时说："用箭头者良，次则芙蓉块匹砂，投乳钵中研极细，用极清胶水，同清滚水倾入盏内。少顷，将上面黄色者撇一处，曰'朱磦'，着人衣服用。中间红而且细者，是好砂，又撇一处，用画枫叶、栏循、寺观等项。最下色深而粗者，

图 20 《张骞出使西域》 莫高窟第 323 窟 北壁 初唐

人物家或用之，山水中无用处也。"朱砂的原料是天然朱砂矿石，以块状、板状，平面有光泽，无杂质、无铁质者为佳。

土红，色彩沉稳，在敦煌壁画中用量大，使用也比较普遍。与赭石色系比较接近，因此也有将赭石称为"土朱"。于非闇先生在《中国画颜色的研究》中说："红土有火成的，也有水成的。"李最雄先生在《敦煌莫高窟唐代壁画颜料分析研究》中说："到了晚唐，土红的应用又多起来，这一方面说明，当时土红已经从河西地区出产的赤铁矿中大量制得。"赭石色在敦煌壁画中可用作打底，作底色，如敦煌莫高窟第 323 窟初唐壁画《张骞出使西域》（图 20）中的青绿山水；赭石也被用来敷染山石，如敦煌莫高窟壁画第 45 窟唐代观音经变中的山水、第 103 窟维摩诘经变（图 21）中的山水、第 172窟文殊变中的山水等。北朝、隋代洞窟壁画会直接在泥壁上刷土红为底色，然后再在其上画佛像。

图21 维摩诘经变 莫高窟第103窟 东壁 盛唐

黄色

　　敦煌莫高窟壁画中较少使用黄色，在莫高窟第 329 窟初唐壁画人物服饰和莫高窟第 112 窟中唐壁画中可见黄色。吴荣鉴先生认为：敦煌壁画少见黄色，是古人慎用的缘故。王概在《青在堂画学浅说》中谈雄黄："拣上号通明鸡冠黄研细，水飞之法与朱砂同。用画黄叶与人衣。但金上忌用。金笺着雄黄，数月后即烧成惨色矣！"这段话的意思是，拣上等的鸡冠黄研细，漂制方法与朱砂相同，用来画黄叶和人的衣服。但在上了金的面上（图 22）忌用。在金笺上着雄黄，几个月后，金笺就会被烧得惨不忍睹了。

图 22
人物配饰等金色
在壁画中的运用
莫高窟第 420 窟

青色

　　青色中的石青，可以分为头青、二青、三青，也有学者将石青分为空青、扁青、沙青、曾青等。在隋代以前，敦煌壁画中的青色多使用青金石制成的颜料，西域石窟壁画也能见到青金石颜料的大面积使用（图23、图24）。

图23　青金石在壁画中的运用　克孜尔石窟第38窟

图 24　西王母　莫高窟第 249 窟　窟顶南披　西魏

绿色

　　绿色中最常用的是石绿。石绿一般是用孔雀石制成的绿色颜料，与石青同属于矿物类颜料。石绿在敦煌壁画中主要用于树木、花卉、图案、服饰、飘带上的敷色（图 25）。石绿在宋代壁画中使用普遍，宋代敦煌壁画的色彩相对于唐代要单纯一些，没有唐代壁画用色丰富。

图25 《阿弥陀经变》（局部） 莫高窟第220窟 南壁 初唐

5 | 勾勒敦煌的笔

　　《论语·卫灵公》中说："工欲善其事，必先利其器。"绚丽多彩的敦煌莫高窟壁画是用什么样的笔绘就的，一直是个谜。我们称写书法、画国画之笔为"毛笔"，区别于硬笔。相传毛笔为蒙恬始造，故有"蒙恬造笔"之说，后人又以"蒙氏毫端"代指毛笔。晋崔豹在《古今注》中言："自古有书契以来，便应有笔，世称蒙恬造笔，何也？答曰：'蒙恬始造，即秦笔耳，以枯木为管，鹿毛为柱，羊毛为被。所谓苍毫，非兔毫竹管也。'"而在春秋战国时已有某种形式的毛笔了，蒙恬造笔可能是指秦笔而言，改良了笔的书写特性。元人方回在《桐江续集》卷三十三《铁瓶吴处士善画序》里提到："古笔用竹，亦必始于羲、颉……"就毛笔而言，从出土实物看，没有最早，只有更早。目前出土较早的毛笔有湖北曾侯乙墓出土的春秋时期毛笔、湖南长沙左家公山楚墓和河南信阳长台关楚墓出土的战国竹竿兔箭毛笔、湖北云梦睡虎地秦墓出土的秦笔等。

　　敦煌的毛笔从哪里来？这得先问问敦煌的书法家们。敦煌是中

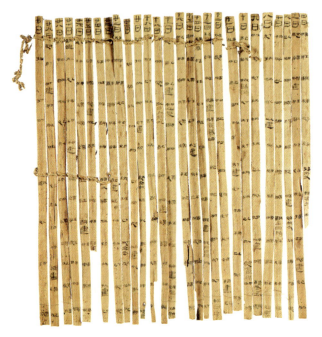

图 26
敦煌汉简册
敦煌市博物馆藏

国古代书法的重镇，这里有一百多年来在古烽燧中陆续出土的汉晋书简，有敦煌藏经洞出土的各类敦煌写本、写经等，还有大书法家张芝、张昶和索靖。敦煌有大量精美的书法作品（图 26），并且在敦煌所处的河西与邻近西域地区都出土过毛笔和硬笔。1906 年，斯坦因在新疆若羌县米兰戍堡遗址发掘出三支苇管笔，年代在 3 世纪前后。1913 年，斯坦因又在敦煌烽燧遗址发现了一支红柳木笔，年代在 7 世纪前后。1957 年和 1972 年，在甘肃武威磨嘴子东汉墓各出土了一支毛笔，其中一支覆黄褐色狼毫，笔芯及锋呈黑紫色，根部有墨迹。杆为竹制，中空，包笔头处稍有收分。另一支笔头含长毫，有芯有锋，外披短毛，便于蓄墨，符合汉笔书写特点。1979 年，

图 27
敦煌悬泉置遗址
出土的汉简
行书笔力遒劲

敦煌马圈湾汉代烽燧遗址出土了一支汉代毛笔，竹制笔杆，狼毫，长 19.6 厘米。目前，在河西走廊发现的汉代毛笔长度在 19 厘米至 23 厘米之间，似乎符合东汉王充《论衡》中所言"知能之人，须三寸之舌，一尺之笔"的描述。（汉代的一尺约为 23 厘米）1985 年，甘肃武威旱滩坡又出土了东晋前凉的毛笔。

敦煌悬泉置遗址出土了一封汉代私人信件，为名"元"者致"子方"的函件，内有云："元不自外，愿子方幸为元买沓一两，绢韦、长尺二寸，笔五枚，善者，元幸甚。"其中提到帮助购买五支好笔的事情。从本书信的书法看，根据饶宗颐先生的体会："行笔浑圆，体扁平，捺处拖长，作蚕头燕尾状，意在篆隶之间，古意益然。"（图 27）魏晋以后，由于纸张的广泛应用，毛笔作为主要书写工具的地位进一步巩固。敦煌写本大多也是用毛笔书写的。除毛笔外，敦煌文献中也有一部分写本是用硬笔书写的。所谓硬笔，是指用骨、角、竹、木、金属等硬质材料做笔尖的书写工具。李正宇在《敦煌古代硬笔书法》一书中谈道："现已发现的敦煌古代硬笔写本的存量，约达两万页。这在我国书法史上是一宗了不起的发现。在此之前，人们只零零星星、偶尔见到过少许在砖瓦、石片、玉器或木板上用到刻写的文字，不曾见到过大量写在纸、帛上而又数百年持续出现的硬笔写本。大量的敦煌古代硬笔写本的发现，突然打开了久已消失的汉、唐、宋、元硬笔书法存在和流行的历史窗口。"本来，汉魏毛笔流行以后，硬质书写工具应渐趋衰微。但敦煌地处丝路要道，华戎杂处，历史上曾有匈奴、乌孙、回鹘、吐蕃、党项等民族聚居于此。这些古民族文字或异域文字多用字母组成，在敦煌、河西、西域地区流行的苇管笔、红柳木笔、竹笔等硬笔更适宜书写字母。敦煌文献中的于阗文、吐蕃文、梵文、粟特文、回鹘文等写本，主要是由硬笔书写的。

汉以来，汉地儒学在敦煌日益广布。《晋书》言："敦煌郡效谷县人宋纤隐居酒泉南山，明究经纬，弟子授业三千余人。""祁嘉西至敦煌，依学诵书……精究大义，西游西诸，教授门生百余人。"汉学的流行普及也将汉地中原的书写文化带入敦煌。此时，在敦煌的汉族人用什么笔在书写汉字呢？弄清楚笔的渊源流变，将有助于我们深入了解敦煌壁画（图28）。在敦煌的汉族人耳濡目染少数民族硬笔书写风气，敦煌汉文文书的书写方法受到一定影响。而毛笔盛产于内陆地区，唐贞元二年（786），吐蕃攻陷敦煌，与内陆地区的交通阻隔，毛笔无法正常供应，而吐蕃人又习惯用硬笔书写文字，

图 28　莫高窟壁画早期挥洒自如的用笔　莫高窟第 290 窟　北周

因而用硬笔书写汉文也就成为一时之风尚。

从目前的考古发现看，从战国到汉代出土的毛笔尾部差不多都是尖型的，1930年，居延汉简出土后引起中外学界的轰动，一起出土的还有一支居延笔，笔杆以木为之，析而为四，纳笔头于其中，缠以麻线，外涂漆，末端以尖顶冒之。书写居延汉简的居延笔笔尖处有毫毛，被称为"簪笔"，马衡先生将居延笔的尖型称为"锐顶之木"。王勇在《中日关系史考》中写过一段很有启发性的文字："中国社会科学院考古研究所陈梦家先生在研究武威汉简礼仪简七卷时，于墨书本文中发现爪痕印刻文——主要是断句、断段符号，而同时出土的竹制毛笔，其上端亦成尖形，与居延笔大同小异，故推测木简上的刻文符号很可能源于此笔。"这种刻文信息，让我们联想到壁画上留下的浅浅的底稿印痕。1949年，作为日本最古老的寺院之一的法隆寺着火，壁画被大面积烧毁，大火扑灭后，壁画颜色因灭火用水的冲洗而脱落，露出勾勒整个壁画轮廓的划痕线条。这种勾勒痕迹正是用尖头硬物在墙面划绘壁画轮廓时留下的壁画底稿印痕。

绘画底稿的尖头硬物就是角笔，小林芳规、栾竹民等学者认为角笔发轫于中国，且日本壁画用角笔打底刻线的传统也应当源于中国壁画的起稿经验，栾竹民在《"角笔"的发现与研究》一文中发出了疑问："这种用角笔打底稿绘画仅限于日本吗？法隆寺壁画被普遍认为是模仿中国壁画艺术而成的，那么画法也应该来源于中国。"小林芳规调查永泰公主墓、章怀太子墓壁画发现，不同的壁画画面都呈现出虽不明显但笔锋流畅的划绘线条，可以窥见绘画的轮廓。划绘线条浅而不间断，又十分圆滑，这与法隆寺壁画以及在日本发现的众多绘画底稿的划绘线条如出一辙，完全相同。敦煌壁画中是否有正式画稿之前的刻线勾勒打底，目前似乎还没有直接证据，但可知在一定时期内部分地区的壁画是以尖头硬笔刻线画底稿的。

尽管我们现在还不是很清楚敦煌壁画究竟是用什么笔绘制的，但从壁画中飘逸的线条、多变的线法、大面积的色块晕染来看，应使用了毛笔等软笔无疑。目前，在莫高窟窟区鲜见毛笔的出土，这也是一个很有趣的现象。按理说，1000多年的时光，应该有大量用坏的毛笔被考古发现，也许古代的工匠举行了某种仪式，将画笔烧毁，或是将成堆的秃笔埋于地下，成为笔塚，只是尚未被我们发现。但至少可知，汉代敦煌地区已经开始使用毛笔或是类似居延笔的簪笔。

马德先生在《敦煌古代工匠研究》一书中提到敦煌古代工匠的分类中，就有"笔匠"这一类，是专门从事制笔行业的工匠。在莫高窟第296窟窟顶有一幅《建塔与画壁图》，画面分上下两层，上层造塔，下层装修。下层中，房屋的前后两边分别有一手拿碗（或调色盘），一手举笔绘壁画的画匠，这是敦煌壁画描绘画匠绘制壁画的直接记录。在莫高窟第72窟刘萨诃和尚因缘变相中，也可见敦煌工匠在画板上临摹佛像的情景。

从敦煌壁画上体现出来的线法、绘法可知敦煌壁画的笔具。这些技法，有用墨斗弹线代替笔以定大形的墨线；有早期用笔粗拙、大气生动的起稿线；有具有秀骨清像风格的文士笔法；有匀速行笔的铁线描；有线条富于变化的兰叶描；还有富有立体感的凹凸画法。在壁画的线与色之间，敦煌工匠将毛笔的刚、柔特性运用自如。用狼毫、兔毫、石獾毫、猪鬃等制作的毛笔在使用时已经没有了地域的限制，敦煌工匠在壁上绘画的娴熟有如中原地区的纸绢丹青一样神采飞扬，着实让人惊叹。如果说敦煌书法完备了中国书体的基因，那敦煌壁画也足以称得上煌煌大观了，是中国绘画的经典代表。

6 | 莫高窟壁画技法解密

印度《质多罗经》中提到，阿旃陀石窟壁画的绘制，归结起来就是四个要素：轮廓、晕染、装饰、敷色。印度壁画与敦煌莫高窟壁画存在一定的传承渊源。敦煌莫高窟壁画的技法即线法和染法，包括西域的叠染法（或称"天竺遗法"）、渲染或烘染法。

线法

敦煌莫高窟壁画的线主要有这么几种：布局中轴线、草图线（草稿线）、轮廓线、定型线、复勾线（完成线）。

布局中轴线，是指确定壁画画幅大小、位置的定位线，呈土红色。画工用墨斗弹出整幅画的经纬线（横线、竖线），或独幅画的中轴线。这种线法在新疆克孜尔石窟壁画中也有运用，是敦煌莫高窟壁画早期常使用的一种方法，从北凉到北魏时期的壁画中都有使用。

草图线，壁画是以线先行，再以线定型，最后以线复勾完成的。壁画位置确定后，在设定位置内开始定形布像，以土红色草图线勾勒草图是整个壁画绘制过程中较重要的一步。草图线的随意性比较大，但后期可以再慢慢调整。

轮廓线，是指物象的轮廓线，用来确定物象外轮廓的大小，确定填色的位置。

定型线，当壁画填色、晕染后，往往会把起稿的线条都遮盖住，此时要通过墨线把人体各部分明确表现出来，以突出人物形象，这道墨线被称为"定型线"。定型线与后面的复勾线均被称为"色上线"，也是壁画中特有的一种线法。在莫高窟壁画中用到的墨线勾勒的技法，与在敦煌地区发现的魏晋墓壁画和画像砖上用到的墨线勾勒的技法一致。定型线是壁画中最重要的一步，也是考验画工技术水平的重要环节。因为，有些定型线因为不便于修改，必须一笔完成，还要做到线条遒劲流畅。第3窟南北两壁所绘《千手千眼观音像》，工致精美，作画者运用铁线描、钉头鼠尾描、折芦描、游丝描等不同线条表现人物不同形体的质感，手法纯熟，构图恢宏，线描精妙，设色高雅富丽，被认为是敦煌最精美的千手千眼观音像。

复勾线，根据造型需要，在衣服的裙、带，佛像头背光，人像面部、鼻子、下巴等处，可用白线复勾，以达到装饰效果。

当然，也有些壁画内容无须草稿线、轮廓线，而是随意天成的随手勾勒涂写，如图案的边线、写意的花卉、云气纹等（图29、图30）。

图 29　早期壁画中的线　莫高窟第 296 窟　北周　　图 30　盛唐时期壁画上的线　莫高窟第 46 窟

染法

　　敦煌研究院马强先生在谈到敦煌壁画技法时说："早期壁画在画稿上墙后，用土红线简笔勾勒，然后用涂色法着色，人物的面部和肌肤用西域传来的叠染法晕染，主要是'凹凸法'中的'染低法'。然后用墨色线、白色线来醒线，增强画面的变化。隋唐和晚期壁画则是以填色法来绘制壁画，隋代壁画的人物面部和肌肤则是以'染高法'来晕染的，可以看出来自中原的绘画影响。"所谓染高就是染凸起来的部分，如人物面部的额、鼻、颧骨、口轮；染低就是染凹进去的部分，如眼窝、鼻翼两侧和向后弯转深入的部分。一般是沿着线条的走向、依形状的起伏进行渲染。在一幅画中，应以一种染法为主，"染高不染低"或"染低不染高"。

元代汤垕在《画鉴》中论人物画："展子虔画人物描法甚细，随色晕开。人物面部神采如生，意度俱足。可谓唐画之祖。"这种晕染的技法被称为"渲染"或"烘染"，没有明显的色阶。正如宋代郭熙在《林泉高致》中言："擦以水墨，再三而淋之，谓之渲。"（图31）到了唐代，晕染法已发展到相当成熟的阶段。在唐代敦煌壁画中各种物象呈现的立体感、质量感、装饰性都说明了这一点。与此相应，晕染这一表现手法的运用也更加广泛和常见。

传入中国的"天竺遗法"究竟是什么技法？唐人许嵩在《建康实录》第十七卷中记载南朝梁武帝大同三年梁邵陵王萧纶造一乘寺时，写道："寺门遍画凹凸花，代称张僧繇手迹。其花乃天竺遗法，朱及青绿所成，远望眼晕如凹凸，就视即平，世咸异之，名凹凸寺。"由这段记载可知，南朝时这种被称为"凹凸"画法的天竺绘画技法就已经传到了中原大地。从敦煌壁画中可以看出，存世较早的北凉壁画已经采用了这种画法。在敦煌第288、428窟天顶（图32、图33）中就有上文中提到的凹凸花，凹凸花花瓣扭绞翻转，透视技巧刻画逼真。

在印度阿旃陀石窟壁画（图34）中也用到了凹凸晕染法，如人物晕染的方法，是依据人体骨骼、肌肉的起伏结构，将凸起的部位，如鼻子、额头、嘴唇、下巴、胸部、腹部等染成白色。新疆克孜尔石窟壁画的晕染法，又与印度的画法不一样，变化出了一面染、双面染、渲染等技法。敦煌则出现了圆圈叠染法，即颜色渐变，由下而上逐渐加深，由内而外错位重叠，色阶由浅入

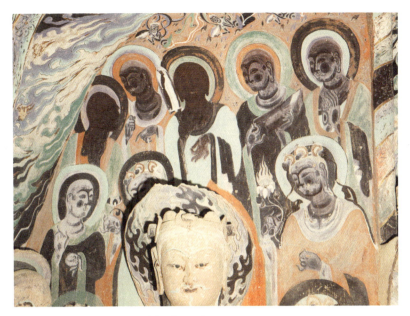

图 31　隋代壁画人物的面部染法　莫高窟第 420 窟

图 32　平棊顶（局部）　莫高窟第 288 窟　西魏

图 33　天顶中的凹凸花　莫高窟第 428 窟　北周

图 34　《摩诃伽那迦本生图》（局部）　印度阿旃陀石窟第 1 窟　大厅右壁

深。张洪亮在《试论敦煌壁画中的色彩》一文中提到了晕染法在壁画创作中起到的重要作用："从艺术造型的效果来看，晕染经历了从'写实'到'公式化'两种形式的漫长道路，其间有一个民族传统与外来影响并存与融合、创新与衰退的过程。敦煌壁画在艺术上的成就，如果单凭构图的宏伟、造型的优美、线描的纯熟、色彩的绚丽是不能达到尽善尽美这种效果的。正是因为在赋色上运用了晕染技法，特别是在初盛唐那一百余幅经变画中，从人物到动物，从山水到装饰图案都经过了不同程度的晕染，才使宏伟构图中的人与景达到了协调统一，使其既有立体感、质量感，同时又有装饰性趣味，从而体现出灿烂与辉煌。甚至我们今天的很多画家在创作壁画时，在敷色上都要从敦煌壁画的晕染法中得到启发。"（图 35、图 36）

金色在敦煌壁画中使用比较普遍，这或是佛教绘画的重要旨向。在莫高窟的第 427 窟（隋代）、第 420 窟（隋代）、第 328 窟（唐代）中，金色使用比较多。尤其在沥粉堆金技艺中，金色的运用更加广泛。敦煌壁画的用金技法比较多，如涂金、描金、贴金、沥粉堆金等。《画学浅说》中谈到涂金："乳金，先以素盏稍抹胶水，将枯彻金箔，以无甲手指蘸胶粘入，用第二指团团摩拓。待干粘碟上，再将清水滴许，拓开屡干屡解，以极细为度。"绘画上用金，实较用其他颜色更为精细，于此可知饰用金色实非易事。泥金的另一种工艺是沥粉堆金，有敦煌"美人窟"之称的第 57 窟（图 37、图 38），窟中的两尊菩萨通身沥粉堆金，纹饰精致，色彩绚丽，达到了一种金碧辉煌的效果。

沥粉堆金的方法：第一步，用较好的石灰、白垩粉或高岭土以适当的比例调和桃胶或其他胶水，调和成糊状，装入皮袋中。袋子上固定细管，绘制时沿着壁画中已经画好的线从袋中挤出调好的糊，根据线的粗细挤出均匀的立体线条，是谓沥粉，即立粉。第二步，在挤好的沥粉线上涂以泥金。在金粉勾出的线条状凸起花纹上涂金，故言沥粉堆金。沥粉堆金多用在敦煌壁画的菩萨、供养人的首饰、特殊图案上。

贴金技法相对要简单一点，适合面积较大的佛身，如佛、菩萨的肤色，天王与武士的铠甲，藻井中的龙凤图案等。在隋朝至元朝的壁画与彩塑中都可以见到。

粉本

粉本指中国古代绘画施

图 35　北凉时期菩萨面部的画法　莫高窟第 275 窟

图 36　唐代人物的面部画法　莫高窟第 57 窟

图 37　《弥勒说法图》　莫高窟第 57 窟　南壁　初唐

图 38　《弥勒说法图》右侧胁侍菩萨　莫高窟第 57 窟　初唐

粉上样的稿本，之后也引申为对一般画稿的称呼。元代夏文彦《图绘宝鉴》谓"古人画稿谓之粉本"。沙武田先生在《敦煌画稿研究》一书中对莫高窟藏经洞出土的画稿文献做了详细的分析："从现有的资料看，敦煌绘画艺术品主要有洞窟壁画、彩塑、藏经洞绢画、麻布画、纸本画、各类纺织品、幡画等，画稿与他们之间关系密切。可以说画稿是敦煌艺术研究的基础。"敦煌壁画在 4 世纪—14 世纪这 1000 多年的探索中，积累了很多的经验，留下宏富的壁画作品。敦煌壁画的鸿篇巨制，即使按当今的艺术思维，也是难以想象的一项工程。对于解决难度大、面积广、量多、技法不娴熟等问题，绘画粉本的便利性就凸显了出来。敦煌壁画粉本的形式多样，有线稿、孔稿等，材质也多种多样，有纸本、绢本、麻布本等。

有一种被称为"刺孔"的特殊画稿，最初被发现是源于藏经洞的开启，后来在青海的藏传佛教寺院、西夏黑水城也有发现。刺孔粉本为专供复制用的纸本画稿，多用于壁画，属于粉本的一种。刺孔粉本的用法有两种：一是用针按画稿墨线（轮廓线）密刺小孔，把白垩粉或高岭土粉之类扑打入纸，或用透墨法印制，使白土粉或墨点透在纸、绢和壁上，然后依粉点或墨点作画；二是在画稿反面涂以白垩、高岭土之类，用簪钗、竹针等沿正面造型轮廓线轻划描印于纸、绢或壁上，然后依粉落墨或勾线着色，此法功效犹如现今常用的复写纸。刺孔粉本是在墨线稿上用打小孔的方式保留图形的轮廓，方便复制在墙面并在墙面留下点状图形轮廓的一种绘画技巧，多用于难度较大的壁画。

沙武田对大英博物馆藏编号 1919,0101,0.72（S. painting 72）的《说法图》粉本（图39）进行了分析，该粉本为墨画刺孔《说法图》，高 79 厘米，宽 141 厘米，一半完整，另一半为刺孔。该《说法图》画面完整，一佛二弟子二菩萨像，均坐于莲花座上，佛与菩萨像上有宝盖，弟子像后有宝树。人物造像及背景画法细致复杂。其中画面右边部分一佛一弟子一菩萨像全为墨绘，左边部分一弟子一菩萨像纯为针孔线。整个画面中人物画法工整细腻，表现出高超的绘画技艺。需要特别说明的是，在粉本的四周有破损的小洞各一排，似乎是当时用于固定在墙壁上或纸张、绢帛上的痕迹。画面从整体上来看有残破，使用的痕迹明显。

对于粉本刺孔的制作，S. painting 72 为我们提供了最好的第一手资料，由于该粉本刺孔刚好是以一佛为中心两侧对称的，两侧各一弟子一菩萨像，在原稿中两个弟子与两个菩萨像完全一致，也正好以佛为中心轴线左右对称，更为有意思的是该粉本一侧有墨线，另一侧则纯为针孔线，表明该粉本是先用墨线画好主佛像及右侧弟子像、菩萨像，然后沿中心轴线对折，以墨绘线为标准，打出针孔线，得到左侧的弟子像、菩萨像。墨线或许是粉本的第一特征，当然也有无墨线者。在伯希和所获的敦煌文献中，便有几幅粉本刺孔没有墨线。如 P. 4517（4）粉本刺孔，为一佛跌坐于莲花座上，有华盖。

欧阳琳先生在《敦煌白画》一文中说："白画，是指不施色彩的线描画。壁画的初步工序为起稿画或底稿、素色起样、不着色的画稿。是壁画起步的原始资料，有时也略施淡彩。总之，以线描为主的画稿，通称白画，也称白描。"饶宗颐先生在《敦煌白画》一书中把敦煌画稿（素画、起样、白画、白描、粉本、模拓、刺孔等）全部归入敦煌白画（图40、图41）。

古代画工与其他工艺行业中的艺人一样，属工匠之流。他们学艺之始，没有专业书籍和专业院校，都是靠前人口传心授、世代积累下来的一套画诀和粉本。画诀和粉本便是画工教徒传艺的唯一教材和范本。粉本可以为画工提供较为成熟的人物造型和构图做参考，从而大大提高工作效率。高明的画工在具体操作时还会根据实际需要对粉本做不同程度的选择和改造，通过移位和对细节的修改，使画面呈现出新的视觉效果。粉本虽然是一幅幅固定不变的画稿，但也是供画工绘画时灵活搭配的学习资料。不过粉本只能在绘画时起到经营位置的作用，而不能对画工的笔墨语言有实质性的提升。笔

图 39 《说法图》粉本 S. painting 72 大英博物馆藏

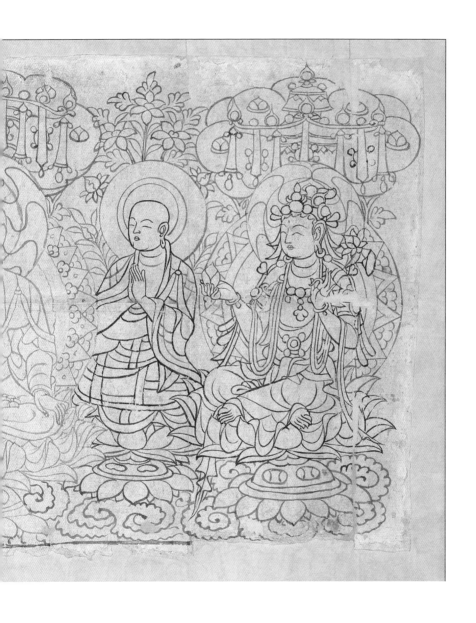

图 40 《捧莲花大士》 莫高窟壁画粉本完整
稿 泸江草堂藏本

图 41 《捧莲花大士》 莫高窟壁画彩稿 莫高窟
第 46 窟 20 世纪 50 年代绘 罗寄梅夫妇主持临摹

墨技法的提高还是要依靠师徒之间言传身教和对先辈大师的绘画进行学习。

　　推荐阅读：饶宗颐：《敦煌白画》,《法国远东学院学刊》1978年；沙武田：《敦煌画稿研究》，北京：民族出版社，2006年。

7 | 莫高窟壁画对空间的表达

　　敦煌莫高窟壁画的空间（图42）建构总体包含三个层面：外层、内层和本体。这三种空间是相互依存，和谐一体的。本体空间，即敦煌莫高窟壁画的平面虚拟空间，重点表现在壁画的透视方面，根据佛教教义或佛国世界图像的"变相"布局。先有立意，而后章法。从东晋顾恺之的"置阵布势"，到南朝谢赫《古画品录》中的"经营位置"，布局都被古人反复强调。"经营位置"被唐代张彦远认为是画之总要，可见其重要性。

　　敦煌莫高窟壁画的本体空间体现在透视中。敦煌莫高窟壁画透视空间的方法很多，如非焦点透视（非焦点透视是相对于1415年意大利人勃鲁奈勒斯契使用的透视法——焦点透视法提出的一种透视法）、"近小远大"反相透视、多维时空（在有限空间里表现一个完整的故事）、动点透视与散点透视（体现壁画时空的流动状态）、视中心的复合结构、模糊性透视、知觉透视。李成君认为，敦煌壁画的模糊性透视有三个特征：一是空间的不稳定性，敦煌壁画在处理空间时往往多采用视觉中心的复合结构，把各个情节或局部的空间

图 42　莫高窟内部空间　莫高窟第 290 窟　北周

融合在一幅画面的大空间里，主观意识的东西占据主导作用；二是空间中介的渗透与过渡；三是空间的整体性。

杨雄认为，敦煌壁画重表现而轻再现，重主观感受而轻客观观察，重写意而轻写实，重神似而轻形似。第一个特点是位置；第二个特点是穿插、形状的表现；第三个特点是明显度；第四个特点是空间；第五个特点是大小。杨雄还总结了从北朝到唐代的透视特点与汉画的渊源特点：1. 同样大小的物体特别是人，无论远近基本画得一样大；2. 在远近一样大小的基础上，有时需要大时画大，需要小时画小；3. 人与山水、屋木、宫室的大小，反映的是不同样大小的物体在画中的大小比例，敦煌壁画与汉画中既有人大于山的画法，也有人小于山的画法；4. 敦煌壁画中有不同时空的同图表现。

总之，在敦煌壁画中存在各种透视现象：远近一样大小、随意大小、人大于山、人小于山、不同时空同图等。唐代壁画中人小于山、远近一样大小和有限的近大远小，是中国画知觉透视的基本模式，已经是成熟的知觉透视了。宋画中较为普遍的透视现象在敦煌壁画中并不突出：一是独立的时空表现，即一幅画往往不再有不同时空同图表现；一是人同山水、屋木、宫室比例的悬殊。这与佛画以人物为主和故事性等特点有关。

德国哲学家黑格尔说："中国人连透视都弄不清楚，还谈什么绘画艺术？"事实果真如此吗？当然不是。张大千指着敦煌莫高窟第 217 窟上的《观无量寿经变》壁画（图 43）说："这不就是透视法吗？"当然，绘画一定需要透视吗？敦煌研究院院长赵声良先生认为：中国画家一直都把绘画当作艺术而不是科学，我们不需要画得那么像……绘画是要表现人的精神的，所以谢赫"六法"首先要讲

图 43　《观无量寿经变》之建筑　莫高窟第 217 窟　北壁　盛唐

"气韵生动"，要有韵味和神气。中国画的透视之妙就在于它可以有透视，也可以没有透视。

8 | 莫高窟壁画样式与题材

　　敦煌莫高窟约 45000 平方米的壁画犹如恢宏的视觉艺术长廊，各种题材内容的图像交汇又独成系统，一个个石窟像独立的图像空间，叙说着千年的莫高窟传奇。敦煌壁画以具体而直接的视觉形象来反映现实，故亦可视其为形象的历史。壁画内容图示手法可归为四类：直接图示、反义图示、象征图示、解题发挥图示。直接图示，即以佛经所说图像直接表示，如莫高窟第 85 窟晚唐时期的《百戏图》及《华藏世界图》，莫高窟第 159 窟中唐时期的《镜中影图》等；反义图示，即图像与经义相反，如莫高窟第 85 窟晚唐时期的《猎人屠夫图》《屠房图》及《帷屋闲话图》等；象征图示是以图像表示一种抽象概念，如莫高窟第 159 窟中唐时期的《奔驰的双鹿图》、莫高窟第 9 窟晚唐时期的《钓鱼图》等；解题发挥图示，即借图示内容画无关物象，如莫高窟第 159 窟中唐时期的《阿难乞乳图》、莫高窟第 23 窟盛唐时期的《雨中耕作图》等。不论何种图示手法，所画都只是佛经的图解，都要受佛经制约。制约与画工想要自由绘制的愿望成为佛画绘制的矛盾。千百

图44 《屠房图》 莫高窟第85窟 晚唐

年来，壁画就是在这样的矛盾中发展着，矛盾越突出，壁画艺术越精彩（图44）。

莫高窟壁画的题材内容立足点不一样，分类也不一样。从大类看，分宗教画和世俗画两大类。按照中国画的分类可以分为人物画、山水画、花鸟画、鞍马画、图案画、其他类。现在约定俗成的分类大约是七大类：尊像画、故事画、经变画、佛教史迹画、供养人像、传统神话题材画、装饰图案类。也有分成十三类：经变画、本生故事画、因缘故事画、佛传故事画、佛教史迹故事画、尊像画、山水画、出行图、动物画、音乐舞蹈、飞天、中国古代科技史画、社会生产画等。当然，从佛教石窟的角度看，佛教绘画自然是其中的主体，而佛教绘画的内容很多也是源于现实生活的。

尊像画，或通称佛像画。在佛教石窟中，佛自然是绘画的主体。但在敦煌壁画中，我们很少看到单独的佛像，一般会伴随弟子、菩萨、护法等天王力士像、飞天伎乐等众神一起出现，如佛说法图。也有以菩萨作为主体形象出现的壁画，如千手千眼观音菩萨、文殊菩萨等。尊像画在敦煌莫高窟壁画中，几乎遍及各个时代的各个石窟（图45）。

故事画，或称佛经故事画、佛教故事画等。包含有佛传故事、本生故事、因缘故事、佛教史迹故事等。佛传故事是指佛教创始人释迦牟尼的生平事迹，形式有四相、八相或连环画式的，内容有乘象入胎、树下诞生、仙人占相、太子读书、太子比武、掷地定亲、太子迎亲、出城游观、夜半逾城、树下苦修等。莫高窟壁画中佛传故事画较多，有近40幅，分布在近30个洞窟中，以唐代的居多。北周开始出现连环画式的佛传故事。佛本生故事，主要讲述释迦牟尼生前的故事，内容为佛为救众生而忍辱、施舍、牺牲的善行善为。因缘故事则是指释迦牟尼成佛后的故事，主要内容有说法、教化等（图46）。当然，敦煌壁画中除了佛教故事画，也有中国本土的神话故事、神怪形象等，如莫高窟第249窟西魏时期的壁画中东王公、西王母的故事。

经变画，是表现佛经内容情节多、规模大的一类壁画，即把佛经文字绘成图像的绘画。与佛经故事画略有不同，经变画不一定强调故事的完整性。佛经故事画主要出现在隋唐之前，而经变画则多在隋唐及以后，并成为壁画主流。从敦煌壁画中大量的经变画中，我们可以总结出经变画作为一种佛教绘画的类型，其表现特点在于：以净土世界为中心，或以佛经中所记的主要人物的活动为中心，具体描绘该

图 45 《说法图》 莫高窟第 322 窟 南壁中央 初唐

图 46　鹿王本生　莫高窟第 257 窟　西壁　北魏

佛经的主要内容，人物众多，场面（空间）宏大，构图统一。

　　莫高窟的经变画数量较多，有 30 余种，如阿弥陀经变、法华经变、弥勒经变、维摩诘经变、观无量寿经变等。举一例，如莫高窟第 220 窟初唐维摩诘经变，就是根据《佛说维摩诘经》绘制的，表现的是佛派弟子去探望维摩诘的情景。维摩诘是能言善辩的居士，精通佛理，常称病卧床，宣讲大乘佛理。画中维摩诘与文殊菩萨，一南一北对坐，南面维摩诘于帐中，北面是文殊菩萨及弟子，甚至还有诸菩萨、佛弟子和国王等听法。研究者经常将此《维摩诘像》与唐代阎立本《历代帝王图》作比较。维摩诘经变画也出现在莫高窟第 103、159 窟的壁画中。观无量寿经变画，在莫高窟第 172 窟有

图 47 观无量寿经变 莫高窟第 172 窟 南壁 盛唐

出现。弥勒经变在莫高窟第 33、445 窟，榆林窟第 25 窟中有出现。
经变画场面宏大、构图严谨、内容复杂、技艺精湛，代表了隋唐时
期壁画的杰出成就（图 47）。

供养人像是世俗人物在佛窟中出现的一种绘画形式，是对祈福
禳灾、出资开窟造像的功德主及其眷属等的一种尊重。起初，供养
人像多位于主体壁画的下部，形象也比较小，到了隋唐时期，供养
人像在壁画中的比例越发大起来，盛唐时期甚至出现与真人等大的
供养人像。供养人群体的构成也比较复杂，大多为世家大族、官僚、
富商巨贾、僧官、僧尼、工匠、行客、牧人、侍从、奴婢、善男信
女等。莫高窟的供养人像出现在诸多石窟中，如第 98、130、156 窟
等，其中莫高窟第 98 窟中供养人像多达 160 余身。从世俗生活的角
度看，供养人画像能彰显家族荣耀。对于后世而言，供养人身上的

服饰纹样是十分珍贵的历史资料，莫高窟壁画上的供养人像俨然成了 1000 多年来各个民族精心组织的时装秀。莫高窟壁画中描绘的世俗人物，除了供养人外，还有世俗生活场景中的百姓，如正在耕种、收获、行旅的人等（图 48—图 50）。

除了主体佛像、世俗艺术外，装饰图案也是莫高窟壁画的重要特色，方圆结合的藻井图案（图 51），常让仰瞻的观众为之惊叹。装饰图案的重要功能是装饰洞窟的建筑、佛龛、彩塑和分割壁画的空间。敦煌莫高窟用到的装饰图案种类十分丰富，其早期的主要装饰纹样有忍冬纹、莲花纹、几何纹等。在装饰图案中，花卉图案主要有莲花、忍冬、卷草等，动物图案有孔雀、鹦鹉等禽鸟，也有以飞天伎乐为装饰图案的。

佛教通过佛经、图像等传播语言和思想，李小荣在谈到佛教图像的三种类型时说："佛教运用图像传播叙事类佛典时，图像本身所包含的内容相当丰富，暂且不论源自印度、西域的各种画样，单就汉地而言，它们就有人物、动物、器物（包括法器、乐器等）、纹饰纹样、山水风景等。兹从图像传达思想观念之用的角度，综合学界已有成果，将之分成三大类型：象征型、抒情型、叙事型。"

在敦煌莫高窟壁画中，诸多朋友对飞天情有独钟。那些身姿婀娜、乐舞曼妙的伎乐飞天，常常将我们带入万国来朝、大唐盛世图景中。天人是佛教美术中一种独特的图像样式，有单体、双体、群体组合，有着衣，也有裸身，形式多样。当然，天人非佛教美术所独有。天人的形式存在于中国的道教传说、印度和希腊的神话中。印度学者卡皮拉·瓦载扬说："中印两国艺术的最显著的共同点之一是飞天图像。在欧洲艺术中，天使都是长着翅膀飞翔的。在亚洲除

图 48　段文杰临《都督夫人礼佛图》　莫高窟第 130 窟

图 49　于阗公主供养像　莫高窟 61 窟　东壁　五代

图 50
于阗国王供养像
莫高窟第 98 窟　五代

了山奇和巴尔胡特的几个突出例子和缅甸的两处外，飞天都是没有翅膀的。……最好称他们为飞翔的使者，不管他们是阳性还是阴性，是毗底耶达罗，还是紧那罗。这是普遍流传于亚洲各国的珍贵图像。"

　　关于飞天的称谓赵声良在《飞天艺术：从印度到中国》一书中谈道："有的学者认为飞天是佛国世界的'天人'，有的认为是天龙八部的总称，也有的认为是天龙八部中的'乾闼婆'与'紧那罗'。那么，飞天到底是什么？恐怕还得从佛经中去找答案。"赵声良在历代佛经等文献中梳理出了"飞天""天人""天女""仙人""天仙""仙女""诸天"（含帝释、梵天、天龙八部众神）等概念。从

图 51
藻井图案
莫高窟第 329 窟
谢成水绘

各类研究飞天的文章中，关于飞天的别称大同小异，看来天人的特点是明显的。但有一点共识，便是飞天不是佛教艺术所独有，在佛教诞生前，会飞的天人就已存在，不管是印度神话中的阿普萨拉，还是中国道教中的神仙，这些和佛教中的天人分属各自独立的文化系统。

卡皮拉·瓦载扬说："飞天形象在亚洲各地大致上是相似的，但也各有千秋，如印度飞天头顶有圆光，这在中国就很少见；印度飞天大都身托彩云而飞，而中国的飞天则双腿上翻，凭借飘带，凌空而舞，形成自由自在的飞天群，典型的例子就是莫高窟 249 窟（北魏）的飞天，尽管姿势不同，但却与印度的阿玛拉瓦提飞天颇有异曲同工之妙。"印度出现天人形象的佛教造像遗存主要有桑奇大佛塔、马图拉佛塔、巴尔胡特佛塔（前 150—前 100）、阿玛拉瓦蒂大塔（始建于前 2 世纪）、阿旃陀石窟（前 2 世纪—2 世纪）等。

图 52
飞天
莫高窟第 296 窟　北周

　　在中国各个佛教石窟造像中，均可以找到天人形象的雕塑或壁画造像，天人形象甚至还会出现在画像石、铜镜中。在中国石窟造像中，飞天形象较多出现在敦煌莫高窟的壁画里，莫高窟大部分洞窟都有飞天。据统计，敦煌莫高窟现存 492 个洞窟，有 270 个洞窟有飞天，总计 4500 余款飞天式样。中国内地的飞天艺术（图 52—图 54）似乎可以分成几大版块：西域版块、西南版块、河西版块、中原版块、江南版块等。西域版块以龟兹石窟为中心，含克孜尔石窟、库木吐喇石窟、柏孜克里克石窟等；西南版块以巴蜀石窟、大足石窟为核心；河西版块则有敦煌莫高窟、麦积山石窟、炳灵寺石窟、天梯山石窟、文殊山石窟等；中原版块则包含龙门石窟、云冈石窟、响堂山石窟、青州石刻等；江南版块则有西湖石窟、栖霞寺石窟等。

　　葛承雍在谈到隋唐时期的敦煌飞天时说："仅从敦煌壁画的众多

图 53　飞天　莫高窟第 305 窟　隋代

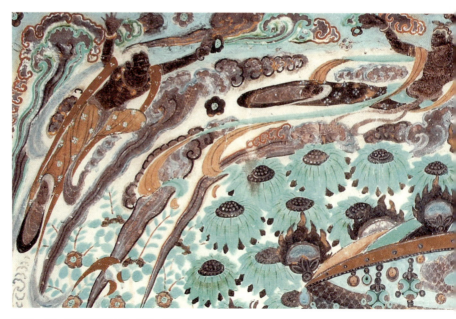

图 54　飞天　莫高窟第 320 窟　南壁　盛唐

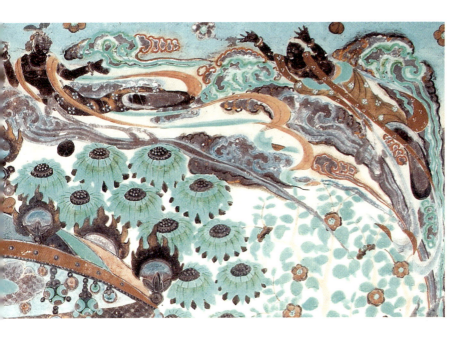

飞天形象来观察，中国佛教飞天往往被塑造或刻画成'天宫伎乐形象'，舞蹈伎乐人飞翔弹琴，腰缠齐鼓，或是各执琵琶、排箫、笙笛类乐器向佛演奏礼赞，有些翱翔起舞的飞天还要向佛陀散花。隋代飞天开始女性化并在蓝色天宇中成列成串弹奏各种乐器，唐代飞天楚楚宫女形象着菩萨装更为华丽高雅，或双手合十，或手执乐器，舞姿轻盈，礼赞佛陀。"

　　飞天等图像的研究是一个大课题，涉及图像学、考古学、美术史学、民族学，甚至文化人类学等学科，但有一点是相同的，每个文明都有丰富的想象力，不管是有翅膀的，还是没有翅膀的，在艺术作品中翻腾飞舞的天人，都会让我们陷入沉思。

　　推荐阅读：赵声良：《飞天艺术》，南京：江苏美术出版社，2008年；何鸿编：《飞天之美》，杭州：中国美术学院出版社，2017年。

9 | 莫高窟的"金主"究竟是怎样一群人?

据敦煌研究院统计,敦煌莫高窟壁画上留存有 7000 余条供养人题记,藏经洞流失出去的绢画上也有一些供养人题记,敦煌研究院编有《敦煌莫高窟供养人题记》一书。在敦煌莫高窟有供养人像的洞窟约 300 个,壁画上的供养人像更有近万幅,敦煌绢画上也有数量不少的供养人像。根据张先堂《敦煌石窟供养人研究》2008 年对莫高窟供养人像的统计数据可知,莫高窟现存洞窟中有供养人像的洞窟 281 个(占莫高窟洞窟总数的三分之二),供养人像超过 9000 身。

什么是供养人?通俗而言,对敦煌莫高窟来说,供养人就是出资建造石窟的"金主",也称为功德主、施主、窟主等。《敦煌学大辞典》中如此解释"供养人画像":供养人像即出资造窟的功德主和其家族的画像及出行图。供养人画像有三种类型:一是集资造窟的供养人画像,出资者每人一像,这类集资者,多为下层官吏、僧尼佛徒、乡里百姓、画工塑匠及奴婢等;二是民间结社合资造窟的供养人画像,出资者为"邑社"社人,这类社人多为下层僧俗官员、城乡士绅、普通百姓、下层劳动者,所造洞窟称"社窟",出资人每人一像；三是一人或一家出资独建的洞窟，这类洞窟的供养人会将全家和与家族相关的人尽皆列绘入画，这种供养人像多为盛唐以后敦煌地区吐蕃、回鹘、党项、蒙古等族的王公贵胄，汉族藩镇一方的节度使、刺史、高级官员和地方豪族富绅。一般供养人像侧都有题名，有的供养人还会在壁上写一段功德记或发愿文，表达自己造窟的愿望。

在世俗社会和佛的世界里都存在供养人，在物质世界和心灵世界也存在供养人。世俗社会里的供养通常被称为"赞助"，在佛教中则被称为"供养"。但大多数时候，在人们的口语表述中是混用的。"赞助"一词较早可见于南朝梁慧皎《高僧传·义解二·道安》，"安以白马寺狭，乃更立寺，名曰檀溪，即清河张殷宅也。大富长者，并加赞助，建塔五层，起房四百。""赞"的本意是"进财货以求谒见"；助，佐也，意为在物质上或精神上给予协助。"供养"一词，早见于《汉书·翟方进传》："身既富贵，而后母尚在，方进内行修饰，供养甚笃。"佛经中关于供养的表述也很多，《十地经论》卷三中谈道供养的种类时说，供养有三：一为利养供养，衣服卧具等之谓也；二为恭敬供养，香花幡等之谓也；三为行供养，修行信戒行等之谓也。狭义的供养系指利养供养与恭敬供养等物质方面的供养；但运心供养，于心中起供养之思才是真正有意义的供养。

敦煌莫高窟供养人涉及多个朝代，几乎贯穿整个莫高窟凿窟史。据《敦煌石窟供养人研究》课题组的统计，莫高窟现存供养人像数量如下：北凉46身，北魏84身，西魏218身，北周1903身，隋代856身，唐代2105身，五代1736身，回鹘56身，宋代1220身，西夏177身，元代40身，清代26身。未见有明代供养人，其中北周、隋代、唐代、五代、宋代供养人较多。

10 | 当壁画遇上文字

在敦煌莫高窟石窟内，我们可以看到两种文字形态：一种是和壁画、彩塑共生的原生态文字，如供养人题记、画题等；另一种是后人"到此一游"的涂鸦随写等。

题记、画题等

敦煌壁画供养人题记，是敦煌壁画一大特色。因为供养人画像和雕像是依照现实人物塑造的，故题记多表明供养者的身份，就像功德牌说明一样。如敦煌莫高窟第454窟有诸多供养人题记，该窟建造年代为宋代，清代重修过。主要题记有五则：一为"窟主敕授清河郡夫人慕容氏一心供养"；二为"皇祖敕河西陇右伊西庭楼兰金满等州节度使检校侍中兼中书令托西大王曹议金"；三为"窟主敕归义军节度瓜沙等州观察处置管内营田押蕃落等使特进检校太傅兼中书令谯郡开国公食邑一千五百户食实封五百户延恭一

图 55　供养人题记拓片　敦煌莫高窟第 454 窟　1944 年之前拓　庐江草堂藏

心供养"；四为"弟新受敕归义军节度使光禄大夫检校太保谯郡开国公、食邑五百户食实封三百户延禄"；五为"叔父敕推诚奉国保塞功臣归义军节度使特进检校太师兼中书令天册西平王讳□忠供养"。供养人题记对研究石窟年代、绘制者、供养者等都具有重要意义。不同时代，供养人题记也不同，早期一般会书写供养人姓名或法号，多为佛家弟子，如某某"一心供养"。隋唐以后，题记文字渐渐多了起来，供养像也多了起来，有些题记会在人名前加上官职、身份等。晚唐以后，题记的文字量变得更多，甚至会在人名前加上功绩等，似乎在暗示着显赫的身份和家族实力等，已经离早期供养人题记的用意越来越远了（图 55、图 56）。

壁画上还有一类题字是画题，即对壁画上内容的标注，如敦煌莫高窟第 61 窟《五台山图》上的榜题，涉及多座寺院名（图 57）。此外，敦煌壁画上的文字还有多种，如功德记铭、发愿文、榜书、题梁、旁记、杂文等，有些是绘制壁画时题写的与壁画有关的内容，有些是后人补题的，甚至会出现打油诗、猜谜语、俚歌、戏笔之类的内容。

古人有一习惯，在外游玩时，即兴题诗

图 56
供养人题记
莫高窟第 454 窟

感记，或刻于摩崖，或书于石壁，今天我们依然能在野外的崖石上
见到。古人的"到此一游"随记，不但没有对环境造成破坏和产生
不良的影响，有的甚至还成了重要的历史文献、文物（图 58）。

但是，在敦煌壁画上，还可以见到或用墨涂，或用刀刻的文字
和图形，潦草而丑陋，严重破坏了壁画的美感，与壁画格格不入。
俄国考察队居留敦煌时，在壁画上任意涂抹、刻画，污毁壁画，不
堪入目。近现代也留下了大量"某某到此一游"的涂写，严重破坏
了文物原貌，甚是让人痛心。

推荐阅读：敦煌研究院编：《敦煌莫高窟供养人题记》，北京：
文物出版社，1986 年；郑炳林：《敦煌碑铭赞辑释》，兰州：甘肃教
育出版社，1992 年。

图57 榜题 莫高窟第61窟 五代

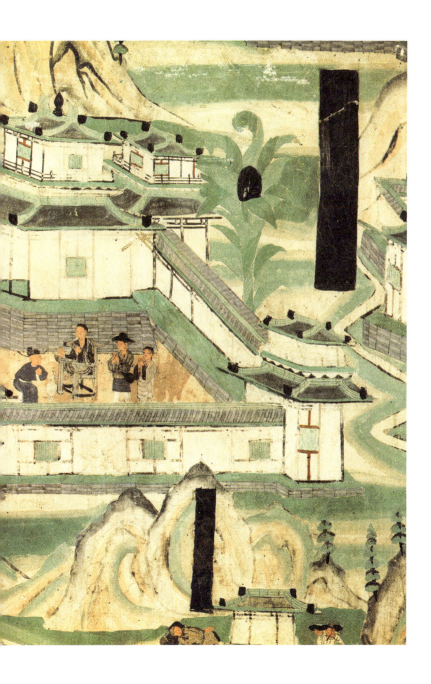

图 58　供养人题记　莫高窟第 61 窟　清乾隆年间

11 | 遗响千年的莫高窟壁画

　　敦煌研究院前院长樊锦诗先生谈到敦煌艺术和藏经洞文物的价值时，提出其有三方面的价值：历史价值、艺术价值和科技价值。

　　从政治、民族、社会等的角度，莫高窟壁画是当时社会生活和思想意识的折射，既有理想生活图景的憧憬，也有现实生活状况的反应，在一定程度上起到了稳定社会、安抚民心、安居乐业的功效。敦煌壁画通过图像的传播，也从一定程度上产生了号召力和凝聚力，强化了意识形态，也成了民族交流的桥梁。如莫高窟第428窟有1200多名来自河西地区的僧侣像；莫高窟第148窟在抗蕃战争中起到振奋精神的作用；莫高窟第98窟曾助曹氏归义军成功完成政权的交接与过渡。敦煌莫高窟不再只是具有艺术价值的建筑群，更像是折射社会生活的三棱镜。从艺术的角度，莫高窟壁画延展了千年佛教艺术和世俗生活图像，折射出佛界尊像、民族审美、人物面貌、山川地域、风土人情、服饰器物、神话故事、耕种农桑、忠孝悌义、天文星宿、战争等多方面状态。

　　敦煌壁画艺术的价值在于其巨大的包容性。敦煌壁画艺术是一个多元文化的包容体，集东西方文化于一身，吸取、借鉴了希腊文明、印度文明，甚至两河流域文明、埃及文明的文明成果，从这一点讲，敦煌壁画艺术是跨世界的强大的文化综合体。在莫高窟壁画中佛俗共存的人物形象，如王子听法、王子举哀、供养人列像等，都体现了莫高窟壁画在内容上的包容性。融合外来与本土的绘画颜料、材料、技艺完成的莫高窟壁画，则体现了材料与技艺方面的包容性。

敦煌壁画艺术（图59）在吸收外来文化艺术同时，也在不断完善自身的创造性。敦煌石窟是以佛教内容为主体的石窟图像长廊，而佛教内容又是以造像为中心。如果仔细观察的话会发现，从北朝到宋元时期，造像的形象发生了明显的变化，或许是"时代表情"的重要表征。从最初佛教教义禁止塑造释迦形象，到大乘教兴起后，在白沙瓦造出佛像，石窟艺术从印度传到西域，再从西域传到河西走廊，进而传到中原，在循环影响中完成了接纳、吸收、改造与创新。这里的创新不仅表现在佛教图像的蜕变上，还表现在将现实的生活情境和美好愿景融入佛国景象，演绎出和谐美好的生活图景。莫高窟壁画既展现了千年来丰富多彩的佛国图像，也反映了世俗生活百态。

赵声良等人在《敦煌文化探微》中，总结敦煌文化内涵时谈到敦煌文化的特点："1.繁盛的宗教文化，是敦煌文化的重要特色；2.敦煌文化是敦煌古代社会文化精神财富的集中代表；3.敦煌语言、文学丰富了中国文学史；4.敦煌艺术的精美卓绝，如彩塑、壁画、书法、乐舞与服饰；5.敦煌科学技术是社会发展的重要杠杆；6.敦煌文化是融汇中外精华的多元文化。"

图 59　莫高窟第 428 窟　北周

　　如今是万物互联、文化共生共荣的时代，古老文明交汇孕育出的"混血宠儿"——敦煌，已经成为一个符号，想起伦敦大学韦陀先生给《穿越敦煌·莫高窟旧影》作序的一段话："……只有那些在地图上黑暗一片的广袤区域，比如太平洋、河西走廊，人们才可以仰望千万颗繁星的银河！恰恰是戈壁边缘、没有街灯的敦煌石窟，阿富汗雪山下的丝路驿站，人们才更接近老子的生活状态，或者说能听到佛陀的声音。"

　　推荐阅读：赵声良等：《敦煌文化探微》，南京：江苏美术出版社，2014 年；[日] 松本荣一：《敦煌画研究》，林保尧、赵声良、李梅译，杭州：浙江大学出版社，2019 年。

敦煌艺术经典赏读

1 | 维摩诘经变

　　敦煌莫高窟铺天盖地壁画与塑像，想向观众传达怎样的信息？我们又该如何去欣赏、理解这些图像和雕塑的含义呢？下面将通过欣赏分析几件莫高窟经典的壁画和塑像，如经典经变画、经典彩塑、经典本生故事、经典人物画等，让目光聚焦经典，深入了解它们的整体意涵和主题。

　　莫高窟第220窟是初唐重要的石窟之一，有"音乐窟"之美誉，位于莫高窟南区中部，主室是覆斗形顶，西壁开龛，内塑一佛二弟子二菩萨。龛外两侧壁画，分别是文殊、普贤变各一铺。窟内有一方贞观十六年（642）的墨书题记，明确了这是一个唐代洞窟。该窟南壁有阿弥陀经变或称无量寿经变（图1），根据《佛说阿弥陀经》演绎的西方极乐世界图景，铺满整壁，是莫高窟已知年代最早、场面最大的一幅净土变，将无病、无灾、无烦恼的西方极乐世界描绘得淋漓尽致。北壁有药师经变，根据《佛说如来药师本愿经》绘就，将东方净琉璃世界的教主药师佛作为主尊，八大菩萨胁侍左右。与南壁的阿弥陀经变一样，药师经变也有大量的乐舞描绘，不乏来自

图 1
阿弥陀经变（局部）
莫高窟第 220 窟　南壁

西域的古乐舞，如胡旋舞、胡腾舞等，处处歌舞升平，一派祥和的景象（图2、图3）。

利用绘画等通俗易懂的形式，表现深奥的佛教经典称为"经变画"，又称"变相"。该窟维摩诘经变是一幅经变画经典，堪称唐代人物画的精品。维摩诘经变，相传为东晋顾恺之首创，顾恺之在大瓦棺寺就画有"清羸示病之容，隐几忘言之状"的《维摩诘像》。一般来说，经变多以壁画形式表现，在唐代尤为兴盛。另外，也有表现在立体雕塑上的。两宋以后，则多绘于缂丝、绣像、绢画上。文献方面，以《历代名画记》所存有关经变的记事最为丰富。莫高窟第220窟的维摩诘经变以壁画的形式位列前壁门两侧，描绘的是《维摩诘所说经》中最生动的片段，同样的故事也出现在唐代的卷轴画中（图4）。

维摩诘经变，是莫高窟中较为重要的经变画，据统计，现保存下来的维摩诘经变有30多壁，说明是当时比较受欢迎的题材，和唐代前期盛行维摩信仰有关。维摩诘为梵文音译，本意为净名、无垢尘，指以洁净、没有染污而著称的人。维摩诘居士是东方无垢世界的金粟如来，于释迦佛在世时，化身居士，他有家财万贯，生活富庶，但他勤于攻读，精进修为，有"辩才无碍"之谓。第220窟的维摩诘经变画中文殊师利菩萨前来问疾，维摩诘居士示疾左侧龛内，在帐内，手握麈尾，扶膝而坐，身体微前倾，显病态之容，但目光中透着睿智，依然能感受到炯炯之光，精神面貌依然神采飞扬，俨然一悠闲高士。文殊菩萨得到佛陀嘱托，率众前来问疾，与维摩诘对坐右侧龛内，举止端庄，仪态从容，有大智者风范，不像前来问疾探病，更像准备一场慷慨激昂

图 2 药师变中之两幅"对舞" 不少学者认为是"胡旋舞"

图 3 药师经变（局部） 莫高窟第 220 窟 北壁

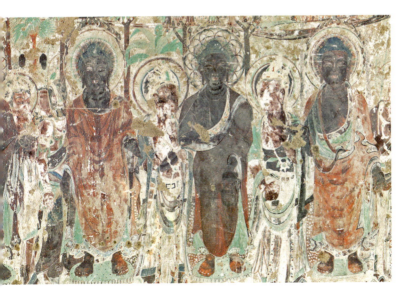

图 4 维摩诘经变 莫高窟第 220 窟 东壁南侧 初唐

的辩论赛。随文殊前来的诸菩萨弟子、帝释、天王及国王、大臣
们围满四周，表情各异，静心聆听，神态活现。与《维摩诘经·方
便品》中描述一致："维摩诘现身有疾，国王、大臣、长者、居
士、婆罗门及诸王子并余官属，无数千人，皆往问疾！"

　　人们惊叹此幅壁画高超的表现力，故后来的评论家将此幅
佳作与初唐画家阎立本的《历代帝王图》《职贡图》等相媲美，
这幅维摩诘经变生动再现了丝绸之路上民族首领、外国使臣的
真实面貌，也彰显了大唐王朝的外交和政治胸怀。在绘画表现
方面，娴熟的用线如行云流水，技巧高超，颇有"吴带当风"
之致。设色巧妙绚丽，大气不拘，故大多数研究者认为绘制这
幅壁画的画工可能是来自中原的高手。细细品味，其乐无穷，
有兴趣的读者还可将此幅维摩诘经变与莫高窟第103窟盛唐时
期的维摩诘经变结合起来看，可以看到两者较强的时代气息和
风貌。

2 | 美人菩萨似宫娃

参观考察过莫高窟的朋友，都会听说敦煌莫高窟有个"美人窟"，里面有一尊美丽的菩萨壁画。是的，它就是莫高窟第57窟。此窟为初唐时期开凿，美人菩萨说的是《说法图》中的一尊（图5），后世的评论家总是极尽华美辞藻去描述她的美，《敦煌画派》纪录片隆重介绍此尊菩萨，日本纪录片《敦煌莫高窟·美的全貌》更是以此尊菩萨开篇起首，介绍敦煌之美。甚至还有人说，当年张大千在敦煌莫高窟临摹壁画时，惊叹此菩萨之美，迟迟不敢下笔临摹，直至最后与"敦煌美人"失之交臂。如此神秘的"敦煌美人"究竟有什么特殊之处？

该窟位于莫高窟南区中部位置，现为敦煌莫高窟特窟，第57窟属于中小型洞窟，殿堂式方形覆斗结构，主室窟顶藻井为双龙莲花图案，垂幔四披，飞天环绕四周，满壁飞动。南壁画千佛，中央为《说法图》，下有排列一组初唐女供养人像。北壁画千佛，中央亦为《说法图》，下有晚唐女供养人像一组。该美人菩萨为南壁《说法图》中的一尊，位列左侧。这尊菩萨面目清秀（图6），头戴化佛冠，上

图5 《说法图》左侧胁侍菩萨 莫高窟第57窟 初唐 该菩萨被称为"美人菩萨"

图6 "美人菩萨"局部

身半裸，肩披长巾，体态优美。其穿着华丽，身上缀满璎珞，初看似是一位衣着时尚的大唐贵妇人，形象生动传神。之所以会出现如此时尚开放的菩萨像，有两个方面的原因：其一，印度的菩萨，一般不着上衣，飘带和僧祇支（意为掩腋衣、覆肩衣，它是长方形衣片，常挂于袈裟之下）代替了上衣，以我国的丝绸制成的飘带和僧祇支，既体现了菩萨的妩媚，又显含蓄内敛之美；其二，大唐王朝的开放气息，体现在各种文化载体上，时尚、青春、开放、多元的时代思潮与风气，也影响了艺术家对于壁画人物服饰、面貌的表现。

大多数人的感受，这尊菩萨，不像宗教中的菩萨，更像是大唐的少女。佛教从汉时传入中国，经过 500 多年演进，至唐时佛教造像已世俗化。据《释氏要览》载："（道）宣律师云：造像梵像，宋齐间皆唇厚，鼻隆，长目，颐丰，挺然丈夫之相。至唐以来……古今人夸宫娃如菩萨也。"可见唐代画家在绘制佛教人物形象时，已普遍采用世俗生活中的人物作为蓝本。也正如梁思成先生所言：唐代佛像不似前期之高洁，日常生活情形，已渐渐侵入宗教观念之中，于是美术，其先完全受宗教之驱者，亦如俗世发生较密切之接触。敦煌研究院樊锦诗在谈到这尊菩萨时说，现大多数画家在临摹时，很难表现"美而不媚"的气质："你看她头上戴着画佛金冠，面庞秀丽，细细的眼眉下垂，鼻梁挺直，樱桃小口，面部着一层淡淡的肤彩。好像化过妆一样，看上去白里透红。她的身材颀长，亭亭玉立，娴雅文静，身上的装饰采用贴金的手法，跟给蛋糕裱花的手法差不多。"如果从下往上打灯光，还可以看出立体的金属质感。这是利用了贴金手法，就是我们经常说的壁画中的"沥粉堆金"技法。

这幅菩萨像，采用的绘画技法也独到。敦煌工匠独特的晕染技法，在乳白色的面部染上淡淡的土红，显得白里透红，像刚化完妆一样；用白色提亮高高的鼻梁，显得精神，青春有活力。清丽的面容上勾勒出一双低垂的桃花眼，朱唇点缀，面部、耳部等均采用没骨画法，以色彩塑形，摒弃了传统的中国画线法，使人物形象更加真实、鲜活。

3 │ 千手千眼观音

　　敦煌莫高窟第 3 窟是一个让人牵挂的"脆弱"石窟，殿堂式覆斗顶小窟，里面满壁的观音壁画，线条飞动，密密匝匝，世称"观音窟"。该窟开凿于元代晚期（也有学者认为是西夏时期，这里采用敦煌研究院的观点），以异于前朝的制壁技巧，在壁面掺入细沙，再敷薄粉，类似湿壁画，然后淡墨描稿，赋彩后再以深墨线描就，其技法与宋代李诫《营造法式》中描述的壁画制作技艺一致。元代也是敦煌莫高窟凿窟的最后一朝，虽然历史不足百年，但在莫高窟也留下了现存近 10 个石窟。

　　该窟中南北两壁各绘《千手千眼观音像》(图 7)，堪称杰作，为世人所称道，是元代敦煌壁画的代表。千手观音，又称千手千眼观世音、千眼千臂观世音等，为"六观音菩萨"之一。关于千手千眼观世音的具体形象，有诸多说法。通常说法是除两眼两手外，左右还各具二十手，手中各有一眼，四十手四十眼配于二十五有（佛教名数），而成千手千眼，表度一切众生有无碍之大用也。即唐西天竺沙门伽梵达摩译之《千手经》所说，通途之千手观音是也。若依

图7 《千手千眼观音像》 莫高窟第3窟 元代

智通及菩提流支译之《千手经》所言，则面具三眼，体具千臂，掌中各有一眼。又见《秘藏记》言："千手千眼观世音具二十七面，有千手千眼，黄金色。"唐般刺蜜帝译《楞严经》云："观世音菩萨，以修正圆通，无上道，故能现众多妙容，由一首三首乃至百八首、千首、万首、八万四千烁迦罗首。由二臂四臂乃至一百八臂、千臂、万臂、八万四千母陀罗臂，由二目、三目乃至一百八目、千目、万目、八万四千清净宝目云"。千手千眼观音，为佛教密宗造像。其经典有唐代天竺高僧不空三藏翻译的《金刚顶瑜伽千手千眼观音自在菩萨修行仪轨经》和伽梵达摩翻译的《千手千眼观世音大圆满无碍大悲心陀罗尼经》。

　　元代对各宗教的宽容政策，在敦煌莫高窟也得到了较好地体现，如元至正八年（1348）莫高窟六体文字碑，碑心中央刻藏传佛教四臂观音像，并刻六字真言，以六种文字——梵文、藏文、汉文、西夏文、八思巴文和回鹘文表述。第3窟的千手千眼观音壁画，题材属于密宗，用线描绘这庞大的造像体系，对画家是巨大的考验。既要有宏观地把控结构布局的能力，又要有扎实的线条基本功。从线型的表现看，作者是有深厚的传统基本功的，手臂、颜面、足等部位用遒劲的铁线勾绘，严谨有法度；而复杂的衣饰、飘带等则用折芦描、兰叶描等绘就，增强了柔软和飘逸的质感，严谨与轻松相呼应，舒缓了整幅画面的紧张感和压迫感。设色方面采用淡彩绘，让较小的石窟空间显得放逸而舒缓，显然，这是艺术家匠心独运的巧妙构思和精心布局。

4 | 最优美的舞姿——反弹琵琶

　　莫高窟第 112 窟是中唐时期修造的洞窟，该窟中南壁观无量寿经变中的反弹琵琶是敦煌壁画的杰作，敦煌城的标志《反弹琵琶伎乐》雕塑（图 8）就是根据敦煌壁画中反弹琵琶图创作的，并屡屡被后人传颂，运用在各种丝路乐舞、敦煌舞蹈表演中，如大型民族舞剧《丝路花雨》《敦煌舞教程》等。在第 112 窟（图 9）这个满是经变画的小型洞窟中，乐舞飞扬，琵琶声声。经变画渐多，是中唐时期敦煌壁画的重要特点之一。其表现形式是一窟中有多幅经变画，或一幅壁画中同时画多幅经变画。该窟中，南壁有观无量寿经变和金刚经变；北壁有药师经变和报恩经变壁画；西壁是一佛龛，龛内塑一佛、二比丘、二菩萨共五尊彩塑。

　　南壁的观无量寿经变，像一幅大型的乐舞图，反弹琵琶一组乐队共六人，成"八"字形分列左右，右边伎乐有筚篥、琵琶、阮咸，左边伎乐有鸡娄鼓、横笛、拍板，另外，下部还有四身菩萨两两相背，作演奏状。在众伎乐中一伎乐做腾空状飞升，举足旋身，琵琶举至颈后，左手抬起，右手弯曲做弹拨状，翩翩起舞，这就是人人

图 8　敦煌城《反弹琵琶伎乐》雕塑

称道的敦煌经典——反弹琵琶（图 10）。该幅壁画中反弹琵琶的形象象征着敦煌唐代壁画创作的高峰，人物形象饱满，劲健而舒展，飞动有张力，舞姿舒展，体态丰盈却灵活翩然，主体舞者与下排伎乐仿佛音舞同调，嘤嘤成韵，正是艺术家高超的绘画技巧将乐舞的动态、音乐的曲调、人物的表情等巧妙地集合在一个时空，达到视觉、听觉的高度统一。娴熟飞动的线条，绚丽厚重的色彩、朴实单纯的造型、飘逸秀美的丝绸、美妙动人的音乐、融混多元的舞蹈等，共同塑造出反弹琵琶艺术形象强烈的艺术感染力，也彰显了大唐王朝的包容、多元与盛世荣光的理想之境，同时交织着多种文化的基因。反弹琵琶中的丝路花雨、琵琶声声、翩翩舞姿、莲花朵朵、愉悦面容、健康体魄等又映照出极乐世界和谐共生的图景，符合西方净土变的壁画主题。

图 9　莫高窟第 112 窟　中唐

图 10　反弹琵琶　莫高窟第 112 窟　中唐

5 | 解读敦煌彩塑

　　敦煌石窟不同于山西大同的云冈石窟、河南洛阳的龙门石窟，后两者有像早期印度阿旃陀石窟一样坚硬的岩石，而敦煌石窟的崖体则是酒泉砂砾岩，崖体疏松，不适合直接雕刻佛像，因此出现了许多像新疆龟兹石窟塑像一样的泥塑佛像。

　　从雕塑的形态看，雕塑分为雕、刻、塑三种。敦煌塑像我们称之为敦煌彩塑，也表明了敦煌塑像的性质。建造大型石雕的自然条件必须是有丰富的石资源或岩壁，我国西北地区的石质疏松，气候干燥，不适宜雕，但可以塑。于是，敦煌的工匠们充分利用黏土，结合精湛的技术，创造出了与敦煌壁画一样绚烂瑰丽的敦煌彩塑。敦煌彩塑作为敦煌石窟的主体，其主要特点是以木为骨架，用植物、泥塑身。彩塑的具体制作过程：先将木材加工成所需要的塑像形态，构成塑像框架，再在木架外束以苇草，或利用敦煌附近采集的其他植物，草外敷粗泥，后敷细泥，慢慢塑造佛像躯体，塑造过程中边压紧、边抹平，等整体形完成后，再遍涂白粉，最后彩绘。敦煌彩塑分布的石窟主要有莫高窟第 254、259、275、285、419、420、

427、432 窟，榆林窟第 6 窟等。

　　彩塑中还有一种影塑，影塑不用木架，直接用麦秸、苇草、纸浆或棉花等与泥土、细砂、胶液等混合做材料，用泥制模具翻制出来，表面处理干净后再敷色上彩。影塑制作完成后，通常背面粘贴于石窟壁上，正面呈浮雕状凸起。影塑的主要作用是衬托石窟内的圆雕，与壁画相呼应，使得洞窟氛围和谐统一，内容上丰富多彩。影塑有单个出现的，也有成组成群出现的。影塑一般作为主尊的陪衬、补充或装饰，但也有一些影塑是主尊的重要组成部分，如佛像、菩萨像等圆塑身上的璎珞、宝冠、串珠等，宝冠上的花饰等饰件，也是用影塑制成的。目前在麦积山石窟、敦煌石窟还留存有一千余年历史的飞天等影塑。敦煌莫高窟北朝、隋代中心塔柱窟中的影塑多为粘贴于中心塔柱或四壁上部的佛、菩萨、飞天、莲花等，见于第 248、254、257、260、302、303、435、442 窟等，莫高窟唐代洞窟粘贴的小型一佛二菩萨说法图、小型佛像等影塑，见于第 212、215、220、492 窟等。

　　敦煌目前留存有彩塑 3342 身，其中影塑 1058 身。年代跨越千年，起于十六国时期，直至明清还在延续。敦煌莫高窟彩塑与壁画一样，贯穿整个莫高窟千余年造像艺术史。赵声良在谈到敦煌早期彩塑的犍陀罗影响时说："敦煌石窟早期洞窟中的彩塑佛像具有浓厚的外来艺术风格。一方面，佛教是从印度经西域传来，对于当时的人们来说，印度和西域等外来样式具有一定的权威性，佛像完全仿照外来的形式是很好理解的；另一方面，中国的雕塑家们还没有一套表现佛像的技法，还需要学习和采用外来的雕塑

手法。"这一点，在新疆龟兹石
窟的彩塑中表现得更加突出。

那什么是犍陀罗艺术？犍
陀罗艺术是南亚次大陆西北部
地区的希腊式佛教艺术，是西
方古典的希腊文化与东方的中
亚、印度次大陆文化的融合，
发端于1世纪，5世纪后衰微。
其主要贡献在于佛教造像，改
变了长期以来佛教没有佛像，
而是以脚印、宝座、菩提树、
佛塔等象征佛法的局面。1世纪，
大乘佛教的流行广布，佛像崇
拜形成风气，推动了佛像的创
作（图11）。

图 11　菩萨坐像　犍陀罗风格　3—4 世纪

从目前留存的莫高窟早期石窟，如第249、254、259、275、
285窟等还可以看到其造像受犍陀罗艺术的影响。莫高窟第275窟
中一尊高达3米多的北凉时期的交脚弥勒菩萨像（图12），头饰三
面宝冠，鼻梁高直，半裸上身，短裙系身，交脚坐于双狮座上，神
情淡定，面相庄严，造像风格与犍陀罗佛像如出一辙。犍陀罗造像
艺术在中国石窟的传播也是学者们关注的研究对象，从传播顺序
看，这一艺术形式首先影响了新疆地区的龟兹石窟，进入河西凉州
地区后，影响了河西石窟，然后影响了中原地区的云冈石窟、龙门
石窟等，各石窟间又相互交融、相互影响，形成了如今的局面。研

图12　交脚弥勒菩萨　莫高窟第275窟　西　　图13　禅定佛　莫高窟第259窟　北魏
壁　北凉

究发现，不仅仅是犍陀罗艺术，印度本土的马图拉艺术风格对我国的石窟造像也有影响，如甘肃永靖炳灵寺石窟第169窟，敦煌莫高窟第248、251、259窟等，均有马图拉佛像的影子（图13、图14）。从总体上看，敦煌早期彩塑的风格特征，应该吸取了犍陀罗艺术、马图拉艺术、龟兹石窟艺术、中原造像艺术等元素，还加上了敦煌工匠自身的创造。

　　隋唐时期是敦煌彩塑大发展的时期，敦煌新塑开始脱离北朝"秀骨清像""褒衣博带""曹衣出水"式的理想面貌，出现世俗化的时代风格和精神面貌。无论是开窟的规模，还是造像的内容都有了大发展。隋朝彩塑，融合了西域石窟造像和中原石窟造像的艺术风格，王朝辉煌的气势和精神面貌表露无遗。这一时期彩塑的代表有莫高

图 14　禅定佛　莫高窟第 259 窟　北魏

窟第 419、420、427 窟等。

　　唐代将敦煌彩塑艺术推向了高潮，唐代的敦煌彩塑不仅有高格的精神气度，雍容的富贵气息，还颇具开拓创新的精神。唐代建造的高大彩塑佛像，尤其彰显大唐盛世健康乐观、积极向上、开拓进取的精神面貌。初唐开凿的莫高窟第 96 窟的一尊大佛，高达 35.5 米，为唐代武则天延载二年（695）建造；榆林窟第 6 窟，初唐时期建造的大佛也有 24.35 米高；还有，在盛唐时期建造的第 130 窟中，有高达 27 米的南大像。除了大型立像，莫高窟还出现了唐代建造的大型卧佛像，如莫高窟第 148 窟，长达 14 米的卧佛彩塑，融合涅槃经变壁画，栩栩如生地展现了佛涅槃时的情景。这些宏大的塑像，均反映出唐代强盛的经济实力和成熟的石窟建

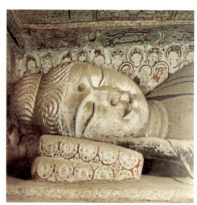

图 15　大佛头部彩塑　莫高窟第 130 窟　盛　　图 16　涅槃佛（局部）　莫高窟第 158 窟　中唐
唐　20 世纪 40 年代原版旧影　庐江草堂藏

造技术（图 15—图 17）。五代以后，随着历史风云变化，中原王朝的影响力减弱，凿窟开像远不如唐朝，大多延续唐朝的余风，如第 55、265 窟等。

　　敦煌莫高窟历经千余年的岁月更替，依旧耀眼明亮，本身就是一部宏大的文化传奇。敦煌艺术的伟大价值，正如敦煌石窟保护与研究事业的开拓者、守护者常书鸿先生在《九十春秋》中所言："敦煌是一个大画廊，陈列着从两晋到元朝一千多年间的艺术代表作。它们的作者主要是画工、画匠，没有社会地位，住的是和野人洞差不多的山洞，靠着对宗教的虔诚，一代代毕生从事于壁画与彩塑的创作。他们并不留恋什么残山剩水，也不主张什么胸藏丘壑，而是切切实际地描绘社会生活和理想中的佛家世界，使人们喜闻乐见。他们的笔触刚劲有力，线条流畅自如，刚柔相济，用色厚重而明快，描绘精制而完整，造型更是生动完美，美轮美奂。画工所形成的淳朴而浑厚的画风与后来中国文人画的绘画风格，是两种不同的风格

图 17　七尊像（局部）　莫高窟第 45 窟　盛唐

和路子，我认为这是中国艺术的正宗与主流。"

推荐阅读：赵声良：《敦煌石窟美术史》，北京：高等教育出版社，2014 年；赵声良：《敦煌石窟艺术总论》，兰州：甘肃教育出版社，2013 年。

6 | 七尊彩塑中的盛唐气象

    敦煌彩塑作为敦煌艺术的主体之一，到盛唐时期发展到了高峰。唐代开窟200余个，几乎占了莫高窟窟龛数量的一半。纵观整个唐代彩塑，会发现既有几十米高的巨型彩塑大佛，也有等身大小的成组彩塑，威严感、崇高感与世俗的生活气息并存，这正是一个王朝繁盛时期多姿多彩的文化气象和精神面貌。

    莫高窟第45窟中的七尊彩塑（图18）就是代表，雕塑精美，气势如虹。第45窟是一个覆斗顶方形石窟，壁画与彩塑交互呈现，像一个描绘"大唐盛世"的艺术长廊。西壁佛龛有彩塑群像，南壁有观音经变画，北壁有观无量寿经变画，东壁分两部分，门南有观音壁画，门北有地藏、观音菩萨各一身壁画。根据莫高窟的开窟朝向，坐西朝东，故门朝东，主龛七尊彩塑位于西龛，正面朝东。七尊分别是中间主尊趺坐说法佛，两大弟子迦叶、阿难各立左右，再两边就是胁侍菩萨各一尊，外侧是两身天王像，外龛本有两身力士像，现已丢失。这七尊像动静结合，或坐，或站，或平静，或沉思，或低眉，或怒目，呈放射状布局，有强烈的视觉向心力，互为统一

图 18　七尊彩塑　莫高窟第 45 窟　唐代

整体。龛外两铺壁画菩萨，由龛内立体彩塑向龛外平面绘画过渡，有张有弛，匠心独运，不愧为盛唐时期的艺术典范。

　　龛内七尊像，各有各的姿态与仪容。中间主尊为端坐说法的佛祖（图 19），大耳弧眉，左手扶膝上，右手上举，头顶高耸肉髻，面相饱满，慈祥圆润，温和中透着睿智，庄重威严中透着慈悲，佛祖讲经说法，俨然像一位师者在课堂中不紧不慢授课一样。相传佛祖有十大弟子，迦叶（图 20）与阿难总是胁侍在佛祖身边，多见于佛教造像中。此龛中，迦叶立佛祖左边，俯首站立，半袒胸部，面容清癯，但目光炯炯有神，似在洞察人间疾苦，欲言又止之表情活灵活现，手势与佛祖说法手势相呼应，俨然一阅历丰富的高僧形象。人物表情刻画极富感染力和性格特征，谦卑又和蔼。右侧的阿难（图 21、图 22）双手交叉，与迦叶展开的手势相对比，一开一合，生动有致，眼睛微闭悠闲地听着佛祖说法，阿难面相饱满与迦叶的清瘦形象形成鲜明对比，强烈的艺术感染力深深打动了观者，仿佛能听

图 19　七尊彩塑中的佛祖　莫高窟第 45 窟　唐代

图 20　七尊彩塑中的迦叶　莫高窟第 45 窟　唐代

到佛祖说法的声音在窟内回荡。亭亭玉立、丰盈婀娜、健康自信的胁侍菩萨分列位居两大弟子两旁，俯首低眉，呈"S"形站姿。其细腻的肌肤，圆润的面相，富贵的气息，华丽的衣饰佩戴，传递出大唐盛世的富庶与辉煌。两旁的胁侍菩萨仪态无与伦比，既有菩萨的慈祥，谦恭的仪态，也有妩媚的表情，怜世的情怀，刚毅与柔美相得益彰，堪称佛窟造像中的"东方美人""最美菩萨"。菩萨身旁是身着铠甲、武士形象的天王像，怒目圆睁，高大威武，充满张力，他们既是护法的勇士，也捍卫了美丽与尊严。人们常言：金刚怒目，

图 21 七尊彩塑中的阿难　　图 22 七尊彩塑中的阿难（局部）　莫高窟第 45 窟　唐代
莫高窟第 45 窟　唐代

　　菩萨低眉。这一组敦煌莫高窟经典彩塑，既演绎了佛教世界里的法
度尊严，也彰显了艺术家们高超的艺术创造力、表现力，将大乘佛
教的普世理念与世俗的美善表情塑造得淋漓尽致。窟龛中四壁、地
面款款盛开的莲花也仿佛要将人们引领进净土世界，极具感染力。

7 | 敦煌古代书法艺术

　　敦煌书法主要涵盖敦煌藏经洞出土的写本遗书和藏经洞外的敦煌书法，如汉简、石窟题记、碑文、敦煌古代书法家的书法等。

　　自斯坦因揭开敦煌汉简的神秘面纱之后，敦煌究竟出土了多少汉简？敦煌玉门关一带汉长城遗址已发掘出土 25000 余枚汉简，时间约自西汉武帝末年至东汉中期，其中以西汉中、晚期及东汉早期为多，出土地点尤以汉代古敦煌郡范围内发现的时代最早、数量最多，于是有了"敦煌汉简"之谓。

　　流沙坠简，引爆了敦煌书法这颗原子弹。《中国书法全集》主编刘正成说："汉代简牍就像原子弹爆炸一样，灵光一闪，在几十年之间影响了书法艺术，一下子打开了书法家们创作的新天地。"1907年3月，抵达敦煌玉门关的斯坦因率先在玉门关附近的汉长城遗址发现了建武二十六年（50）汉光武帝时期的纪年木简。他将发掘的敦煌汉简运回英国，由法国汉学家沙畹博士精选 700 余件影印出版，后引起了国学大师罗振玉、王国维先生的注意，《流沙坠简》在斯坦因第二次到敦煌的那一年即 1914 年由日本京都出版社出版，引起了世界关注。鲁迅先生在《不懂的音译》中不禁感叹："中国有一部《流沙坠简》，要谈国学，那才可以算是一种研究国学的书。"被李瑞清、郑孝胥等人认为是"书法之密尽泄"和"书法复古指日可待"的敦煌书简，究竟包含了中国书法的哪些基因密码，让书法家们如痴如醉？我们可以从敦煌及河西地区汉简发掘简史中有所了解（图 23）。

1907 年，斯坦因在敦煌以北的汉代烽燧遗址内发掘汉简 708 枚。这是继 1906 年他在新疆尼雅遗址发现汉简之后的又一次发现。

1915 年，斯坦因在敦煌以北的汉代烽燧遗址中发掘汉简 84 枚，在安西、酒泉境内发现汉简 105 枚。也有资料显示说斯坦因两次共盗掘了 3000 余枚汉简带往英国。

1920 年，周炳南在敦煌西北小方盘城附近发掘汉简 17 枚，现藏敦煌研究院。

1930 年，中国西北科学考察团在甘肃与内蒙古交界的汉代居延地区发掘汉简总数达到了 11000 余件，这一发现，轰动了当时学术界和书法界。这批居延汉简命运坎坷，辗转从北平，经上海运至香港，后又运抵美国存于美国国会图书馆，后再运回我国台湾，现存于我国台北"中研院"历史语言研究所。

1944 年，西北科学考察团在敦煌西北小方盘城附近发掘汉简 49 枚。现藏我国台北地区某图书馆。

1957—1959 年，甘肃武威凉州磨嘴子汉墓出土汉简 480 枚，其中 469 枚为一套完整的经典《仪礼》。

1972—1976 年，在居延地区又陆续出土汉简 2 万余枚。1972 年，在武威凉州旱滩坡汉墓出土简牍近百枚。

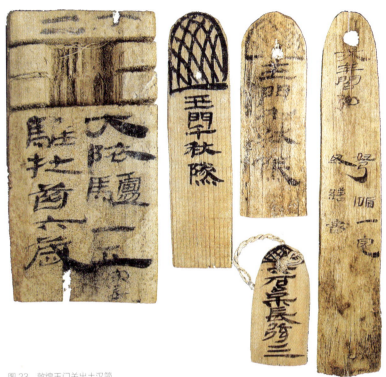

图 23　敦煌玉门关出土汉简

　　1977 年，在玉门市汉代烽燧遗址中出土汉简 91 枚，现藏嘉峪关长城博物馆。

　　1979 年，甘肃文物考古队和敦煌市文化馆在敦煌西北小方盘城马圈湾汉代烽燧遗址发掘出 1200 余枚，现藏甘肃省文物考古研究所。

　　1981 年，在敦煌西北党河乡酥油土汉代烽燧遗址中出土汉简 76 枚，现藏敦煌市博物馆。同年，武威凉州文物管理委员会征集汉简 26 枚。

1986—1988 年，敦煌市博物馆入藏汉简 137 枚。

1989 年，甘肃武威文物普查队在凉州旱滩坡汉墓发掘残简 17 枚。

1990—1992 年，甘肃省文物考古研究所在敦煌东面汉代效谷县悬泉置遗址发掘简牍 2 万余枚。这是目前单一地点出土汉简数量最多的一次，悬泉置遗址因而被列入《世界遗产名录》。在悬泉置遗址，还发现了目前认为最早的西汉纸文书（有学者提出疑问，或不是西汉纸），共出土 24 件麻纸，其中 4 件上有墨书，书体为隶草体。

1998 年，敦煌市博物馆在维修玉门关遗址时发掘汉简 250 余枚。

2009 年，敦煌市博物馆在马圈湾以南的湾窑墩烽燧发掘出一枚迄今为止尺寸最大、保存最完整的汉代封简（图 24），现藏敦煌市博物馆。

敦煌汉简，的确是汉代书法庞大的基因库。敦煌汉简至少有两个方面的重要价值：首先，敦煌汉简的研究意义非常广泛，内容涉及政治、经济、历史、交通、民族、文化等各个方面，比很多古书记载的还要更细致；其次，敦煌汉简在书法艺术方面堪称汉代书法史上的至尊。宋代大书法家米芾在《书史》中提到："金匮石室，汗简杀青，悉是传录河间古简，为法书祖。"敦煌汉简中糅合了篆书、八分书等多种书体，演绎了隶书的演变过程，进而又传递出由隶而草的书写状态，甚至能嗅到楷书的味道。《敦煌书法》的作者秦川发出感慨：汉代为何人人写得一手好字？这得益于汉代严格的以书取士制度。《尉律》中有言："学童十七以上始试，讽籀书九千字乃得为吏，又以八体试之。郡移太史并课，最者以为尚书史。书或不正，辄举劾之。"（图 25）

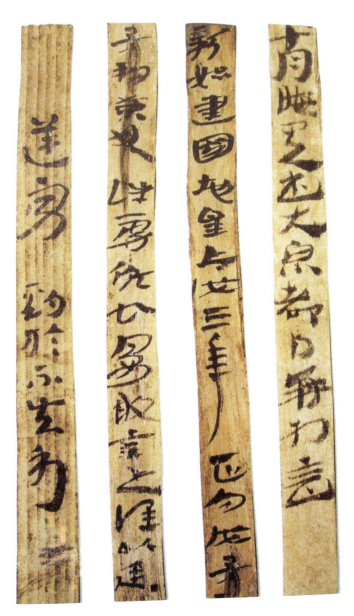

图 24　敦煌马圈湾出土汉简

图 25 张芝《冠军贴》

敦煌书法，除了敦煌汉简外，还有莫高窟藏经洞海量的写本文献和拓片等。敦煌藏经洞遗书包含有 4 世纪至 14 世纪各个时期的几万卷写本、刻本、印本及拓本等，是材料最丰富、最系统的中国古代书法资源库，其书体被学界称为"经书体"。经书体的源头是汉代的简书体，到唐代发展为楷体。从藏经洞出土的写本墨迹，可以看出中国书法由隶书转变成楷书的过程。先看看藏经洞发现的几种拓本和临帖：拓本有唐代欧阳询书《化度寺邕禅师塔铭》、唐代柳公权书《金刚经》、唐太宗李世民书《温泉铭》；临帖有唐人摹东晋王羲之书帖至少 10 件，如《瞻近帖》《龙保帖》《旃罽胡桃帖》《积雪凝寒帖》和《服食帖》等残片，均是比较重要的唐代书迹经典和珍本。其次是多个少数民族的写本书迹，也是珍贵的书法活化石，如梵文、回鹘文、西夏文、吐蕃文、蒙古文、突厥文、粟特文、吐火罗文等。硬笔书写方式解开了早期人类书写优美文字的秘密，让世人知道，原来古代除了软笔书法，还有如此精美的硬笔书法。

从晋到北宋时期近 1000 年的 4 万余卷墨迹写本中，还有少量印本与拓本，为研究中国书法的演变提供了珍贵的第一手资料，也是经书体自晋至唐集大成的一次展演，可惜飘散在世界各地，散存在中国、英国、法国、日本、印度、俄罗斯、美国、韩国、丹麦、匈牙利、瑞典、芬兰等国家的 80 多个图书馆、博物馆、私人机构里，当然它们也极大传播了敦煌这张国际文化名片。秦川在《敦煌书法》中谈道："从书法史的角度看，这 7 个世纪，正是中国汉字发展演变的关键时期，这些写卷的作者，与魏晋南北朝的索靖、陆机、卫夫人、王羲之父子，以至隋唐的颜真卿、欧阳询、虞世南、褚遂良、柳公权、李世民，五代的杨凝式，宋代的蔡襄、苏轼等诸名家为同时代人。也就是说，从 4 世纪至 11 世纪这样一个漫长的历史进程中，汉字字体从隶书到楷书的发展变化过程，敦煌都用手书原件为我们保留下来了，其书体之完整、年代之久远、笔法之多姿、风格之奇巧、功力之深厚，令人叹为观止，是中国书法史上最完整、最鲜活的原始档案，对书法史研究具有极其重要的意义。"

敦煌还是"草圣"书家张芝和"章草名尊"索靖的故乡，这两位书坛名将撑起了早期草书的一片天。关于张芝，《后汉书》卷五十六《张奂传》中记载："张奂字然明，敦煌酒泉人也。"张奂为张芝的父亲，这说明张奂、张芝父子俩的籍贯是敦煌酒泉。张芝还有个弟弟张昶，弟兄二人均善草书。法国藏敦煌藏经洞文书 P. 2005《沙州都督府图经》（图 26）中有关于张芝的记载："张芝墨池在县东北一里效谷府（唐代军府之一）东南五十步。"这位东汉出身大将军名门的长子，甘于淡泊人生，将毕生精力倾注于书法艺术，临池学书，苦练书艺，终成一代书法大家，被世人誉为"草圣"。张芝刻苦练习书法的精神，也被后人传为佳话。至南朝时，张芝的墨迹还有存世，南朝虞和《论书表》中记载了皇家藏有"张芝缣素及

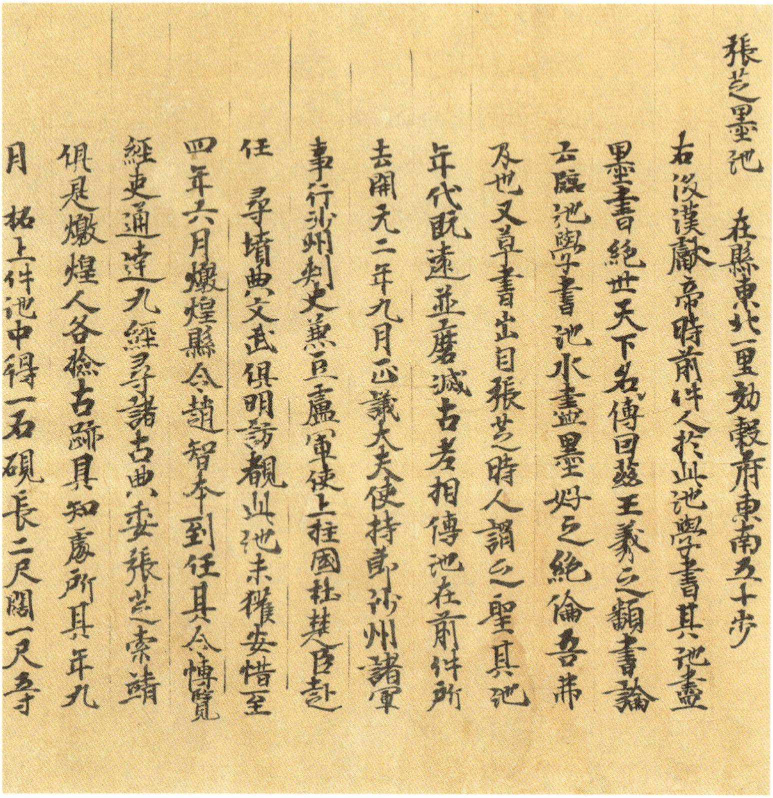

張芝墨池　在縣東北一里効穀府東南五十步
右後漢獻帝時前件人於此池學書其池盡
墨書絕世天下名傳因茲王羲之顏書論
云臨池學書池水盡墨好之絕倫吾弗
及也又草書出自張芝時人謂之聖其池
年代既遠並磨滅古老相傳池在前件所
去開元二年九月正議大夫使持節沙州諸軍
事行沙州刺史兼豆盧軍使上柱國杜楚臣赴
任　尋墳典文武俱明訪覩此池未獲安惜至
四年六月燉煌縣令趙智本到任其令博覽
經史通達九經尋諸古典委張芝索靖
俱是燉煌人各檢古跡具知處所其年九
月　拓上件池中得一石硯長二尺闊一尺寺

图 26　《沙州都督府图经》　敦煌遗书 P. 2005

纸书四千八百二十五字，年代既久，多是简帖”。张芝的草书影响了整个中国书法的发展，为书坛带来了无与伦比的生机，张芝的书法对后世王羲之、王献之等人的草书影响颇深，并为历代书家珍视并临习（图 27）。

有“精熟至极，索不及张芝；妙有余姿，张不及索靖”之谓的人书法家索靖，是张芝的姊孙。其传世作品有《月仪帖》（图 28）

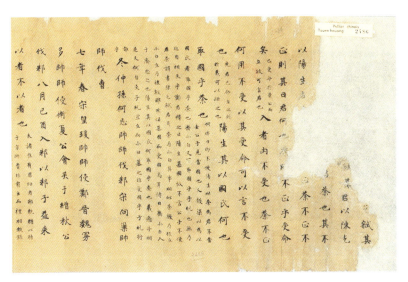

图 27　《春秋谷梁传》　敦煌遗书 P. 2486　法国国家图书馆藏

图 28　索靖《月仪帖》

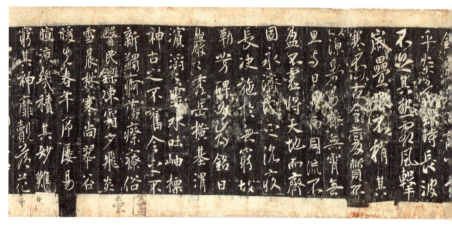

图 29　唐太宗《醴泉铭》拓片　法国巴黎国家图书馆藏

《七月帖》《急就章》《出师颂》等。索靖的章草书法也得到后世推崇，《晋书·索靖传》中记载："绝世名手，武帝宝爱之。"唐代张怀瓘《书断》言："索靖乃越制特立，风神凛然，其雄勇劲健过之也。"或许这正是因为索靖将军的出身，加上敦煌苍茫辽阔的环境，才形成了索靖"飘风忽举，鸷鸟乍飞"的书风（图 29、图 30）。

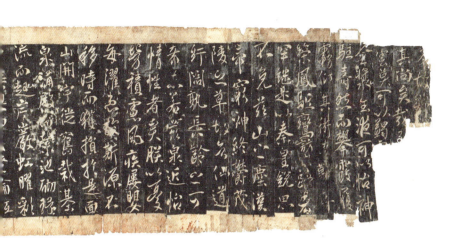

　　总之，简牍高古，佛经风流，敦煌留存的这些简牍帛书，藏经洞出土的文书墨迹，还有莫高窟壁画上的诸多题记、碑碣刻石等珍贵的古代书法资料，不仅为我们了解敦煌书法打开了窗口，也为我们解析中国古代书法提供了材料。

　　推荐阅读：秦川：《敦煌书法》，北京：清华大学出版社，2019 年。

图 30 《化度寺》剪裱残本 敦煌遗书 P. 4510 法国国家图书馆藏

敦煌朝圣之旅

1 | 心中的敦煌

　　1900年，敦煌莫高窟藏经洞开启后，朝圣者络绎不绝。这些往来者没有年龄、身份、肤色、民族、国别、信仰上的差别，敦煌是埋藏在人类心灵深处的"荒漠甘泉"，在每个人心中都有不一样的模样，是承载着艺术与生活、文化与精神、信仰与灵魂的情感圣殿。

　　1941年，张大千在去往敦煌之前，对老友熊佛西说："此去敦煌，是要安营扎寨住下来。搞出名堂，不看回头路！"在将近三年时间里，张大千先生留下了近300幅精妙的敦煌绘画，惊艳后世，并影响了20世纪的美术发展史。其中的艰辛甘苦只有画家自己心里清楚。张大千在敦煌悟出了敦煌石窟艺术时代风格变迁的轨迹："元魏之作，泠以野，山林之气胜；隋继其风，温以朴，宁静之致远；唐人丕焕其文，浓缛敦厚，清新俊逸，并擅其妙。斯丹青之鸣凤，鸿裁之逸骥矣！五代宋初，蹑步晚唐，迹颇芜下，说世事之多变，人才之有穷也；西夏之作，颇出心意，而刻画板滞，并在下位矣。"（图1、图2）

　　1954年，我国第一个敦煌艺术考察团，由中央美术学院暨华东

图 1
张大千《临榆林窟第十七窟
盛唐朱衣大士》

图 2　张大千先生与曾拍摄过 3000 幅敦煌照片的罗寄梅夫妇　摄于美国加州　采自《忆梅庵长物——
罗寄梅夫妇 70 年珍藏》

分院（今中国美术学院）叶浅予、邓白、金浪、汪志杰、詹建俊、
宋忠元、李震坚、周昌谷、方增先、刘勃舒、史岩等一行 11 人组
成，这支敦煌艺术考察队在敦煌莫高窟临摹了三个月壁画。这是新
中国第一次大规模、较长时间在敦煌地区的艺术考察活动，也是美
术高校与敦煌莫高窟较早的专业接触，产生了一定的社会影响。

　　日本有些学美术专业的学生要将学习敦煌艺术作为必修课，第
一次听曾在敦煌工作多年的谢成水先生讲到这个案例，我并不以为
怪。东京艺术大学的校长平山郁夫，把敦煌艺术作为东京艺术大学
美术学部的必修课，要求学生必须到敦煌去亲眼看一看日本文化的

原典。日本女大学生越智佳织便是在如此教育背景下立志要到敦煌工作，但不幸的是 1984 年的夏天她遭遇车祸去世，她的母亲将准备留给她来敦煌的 200 万日元生活费捐给了敦煌，用以保护石窟等文物。日本美术教育的这种观念，对促进了中日文化交流起到了一定的推动作用，从敦煌莫高窟前的功德碑上大多是日本人的名字便可见。给常书鸿先生（图3）极高评价"无私的艺术风范"的《我的人学》的作者池田大作先生便是其中之一。日本人对中国文化传统的兴趣渗透在各个领域，并力求精致和极致，他们带有"精神洁癖"的文化嗜好和习惯常常让我们震惊。日本画家加山又造说："日本文化起源于外来文化，从宏观上看，无论古代也好，近代也好，日本文化只不过是中国文明圈的一个地方文化而已。"作为丝绸之路的咽喉要道，敦煌能够让日本人重新找到很多文化与艺术的源流，日本在敦煌学的研究上投入了很多，也取得了丰硕的成果。

如今，敦煌俨然是一座没有围墙的人文艺术与科学学院。在 70多年前，就有设立敦煌艺术学院的初衷。1941 年 10 月，时任国民政府监察院院长的于右任到达敦煌，见到了正在莫高窟临摹壁画的张大千。于右任返回重庆后，提交了"关于建议设立敦煌艺术学院"的建议书："似此东方民族之文艺渊海，若再不积极设法保护，世称敦煌文物，恐遂湮销。非特为考古家所叹息，实为民族最大之损失。因此提议设立敦煌艺术学院，招容大学艺术学生，就地研习，寓保管于研究当中，费用不多，成功将大。"许多年过去了，虽然如今依旧没有设立敦煌艺术学院专业院校，但敦煌莫高窟这所世界上最奢华的"美术学院"，每年接待世界各地来的专家学者和游客的数量不断增长，艺术、语言、民俗、文保、数字、化学、生物、教育等

图3　1944年　常书鸿先生等人刚抵达敦煌时乘坐的交通工具

领域的学科专家云集于此，仰瞻壁画，敬畏先贤，汲取智慧。饶宗颐先生在谈到敦煌书法时说："永远不要低估古人的智慧，敦煌书法所昭示给后人的，绝不仅限于简单的创作技巧，在那包罗万象、博大精深的古代艺术宝库中，包含着繁星一般闪烁着诱人光芒的新课题。而每一个发现都会引发更多的发现——这就是它的巨大的魅力所在。"敦煌书法都有如此的魔力，何况那镶嵌在1600米山崖石窟中跨越千年的精美壁画！

　　人们络绎不绝带着朝圣的心情前往敦煌，诚如印度学者金德尔和夏尔玛合著的《敦煌佛教绘画》中所言："敦煌是西域考古的璀璨明珠，是连接中国和印度的文化桥梁……当大量的沙门、佛像、密室被破坏，这条朝圣之路丧失了它辉煌灿烂的功用，并逐渐随着经济和交流的萎缩而失去光芒。对于中国而言，中亚'三十六国'是朝圣的必经之路，横跨广阔的沙漠，在自我空虚的内心中，他们听到'我即真理'地呼唤。于是这场朝圣就变成了一个人的旅行——那干旱的沙漠等同自己内心的空虚。朝圣者并不是他的脚步完成这段旅途，而是用他乘着飞翔翅膀的虔诚之心。强大的勇气摧毁了来自对未知地形的恐怖，绝望在至高无上的追求中，变成了无限的希望。"

千年古域在荒寒的沙漠、戈壁滩中绽放温暖的光芒，也仿佛宇宙星河中不灭的人类心灯。人们从千里之外默默奔向河西与西域交汇处的敦煌，或能听到亘古梵音、各种各样的语言，看到绵长丝路上的翩翩舞姿、千百年来层层叠加的丹青妙绘、多民族各不相同的展陈与表演……文化的、艺术的、精神的、思想的、生活的点滴在敦煌等你去捡拾、仰瞻、回望！

推荐阅读：樊锦诗述、顾春芳撰：《我心归处是敦煌》，南京：译林出版社，2019 年；李昌玉：《奔向千佛洞》，兰州：敦煌文艺出版社，2013 年。

2 "云游"敦煌

　　虚拟现实技术在文物保护、复原和展示方面起着重要的作用。对大型不可移动的重要文化古迹，世界各国都在努力通过虚拟现实技术将其展示出来，从而让珍贵的实体古迹得到"永久保护，永续利用"。

　　1600多岁的敦煌石室，身躯越来越苍老，但却变得越来越智慧。历代敦煌人在守望中也在想办法修复莫高窟的身体，延续莫高窟的青春，让古老的敦煌与高新科技、互联网亲密接触，碰撞出智慧的火花。在"2015敦煌论坛：大数据环境下的数字图书馆和世界文化遗产保存与使用"国际学术研讨会上，王旭东谈道："大数据与'互联网＋'环境下的数字信息互取、多元异构数据库建设、数据永久存储、大数据价值挖掘、分析和可视化研究、人工智能的应用等高科技手段，为文化遗产永久保存提供了可能，也让这些经历了千年风雨的宝贵文化遗产凭借数字技术'活起来'。"数字时代赋予了敦煌莫高窟全新的面貌，数字技术使文化遗产重获新生。那些年代久远的壁画、彩塑面临着各种病害，如龟裂、起甲、酥碱、脱落、褪色等，而数字技术可以复制、保存它们的历史的信息，并且让这些信息得到广泛传播，发挥了极大的社会效益。帮助艺术、科技、学术相互融合是敦煌数字化的重要特点。

数字敦煌、虚拟莫高窟是未来莫高窟保护的一项重要工作，"数字敦煌"的理想目标是将散落在世界各地的敦煌文献、敦煌文书、敦煌艺术品和敦煌壁画、彩塑、石窟等有机联合在一起，组建庞大的敦煌数据库。始于 1994 年的国际敦煌项目（IDP）就是以古文献保护、研究和数字化为主体构建的国际敦煌学合作平台，其核心工作是对敦煌与新疆出土的古文献及文物进行修复、编目与保护。

敦煌壁画数字化重要成果之一是 2008 年在北京中国美术馆展出的"盛世和光——敦煌艺术大展"，原大高清复制的莫高窟第 61 窟《五台山图》（图 4）格外引人注目。在数字化建设方面，敦煌研究院也积极与国内高校如浙江大学合作，于 2010 年制定了"敦煌壁画数字化标准规范"，在数字标准上有了质量保证。为敦煌莫高窟量身定做的十亿级像素的"飞天号"数字相机开始拍摄敦煌飞天敦煌壁画，高清的数字壁画保存了珍贵历史遗存，在敦煌石窟技术的保护、图像研究、美术史研究、展示传播弘扬等方面都有深远的现实意义。2016 年，敦煌数字化的一个成果是"数字敦煌"资源库上线，30 个洞窟的高清图像和全景漫游，免费在网上供游客浏览。次年，"数字敦煌"英文版上线发布。2017 年，敦煌研究院与腾讯公司联手启动"数字丝路"计划，包含有"数字供养人""智慧锦囊"（如"C 位"菩萨）项目等，让敦煌焕发出新的生命活力。

2020 年 2 月，新冠疫情肆虐全球，敦煌研究院充分发挥文物数字化、"数字敦煌"项目、丝绸之路文化遗产数字化成果等资源优

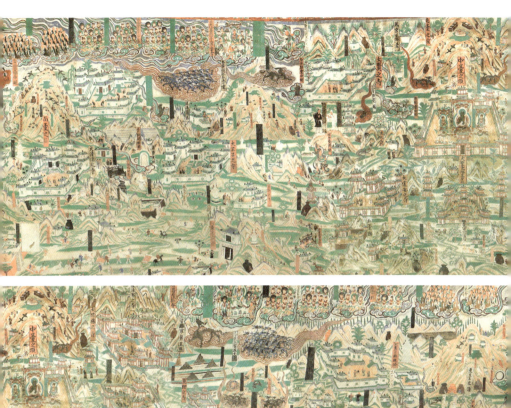

图 4　敦煌莫高窟壁画数字化成果之一　展出原大高清复制的《五台山图》

势，在莫高窟闭关期间，持续在网络平台推出"云游"莫高窟新模式，发布"'数字敦煌'精品线路游""敦煌文化数字创意""精品展览"等一系列"云展览"活动，为敦煌文化推广提供了新思路。正如敦煌研究院院长赵声良所言："这次新冠肺炎疫情既给文博界带来挑战，也推动我们进一步广泛运用人工智能、虚拟漫游等新技术，借助5G和云计算带来的高速率传输，进一步构建线上、线下相融通的传播体系，多渠道传播敦煌文化蕴含的人文精神和时代价值。"

敦煌文化作为历史上各种文明长期交流融汇的结晶，也是中华文化"走出去"的重要组成部分。敦煌立足本土，通过文物数字化等方式，走进民众的生活，让敦煌文物"活"了起来，在"云端"点亮了传统文化，带来敦煌文化价值与产业价值的良性循环，并在此基础上，进一步成为能够讲好敦煌故事、推动中华文化走向世界的文化符号。

3 | 从古丝绸之路到"一带一路"

　　在古代，敦煌是东西往来的一把钥匙，是中亚、西亚及欧洲各地东来的必经入口，是丝绸之路的咽喉，地理空间位置十分重要。丝绸之路是一条神奇的路，维系着商业与宗教。它又像一条河，滋养了东西方文明。

　　一谈起丝绸之路，脑海中浮起的印象便是旅人或形单影只，或组成一队骑着骆驼，装满货物，在驼铃声中渐行渐远，直至消失在戈壁滩、沙漠深处的情景。在安西榆林窟第 3 窟和东千佛洞第 2 窟中有西夏时期《玄奘取经图》壁画，这或许是对大唐三藏法师走在大漠丝路上比较直观的图像描绘（图 5）。莫高窟第 323 窟初唐时期《张骞出使西域》壁画、莫高窟第 296 窟《丝绸之路商旅往来》壁画（图 6），皆再现了连绵沙丘中行人赶路的场景。

　　"丝绸之路"是一个内涵不断复杂化的概念。在"一带一路"概念提出前，我们谈论的"丝绸之路"是源于德国地质学家李希霍芬于 1877 年出版的《中国》一书，这本著作是他 1868—1872 年在中国进行地质地理考察的成果。李希霍芬在中国考察路线时，将从河

图 5
行走在取经路上的唐三藏法师

图 6　《丝绸之路商旅往来》　莫高窟第 296 窟　北周

南洛阳到撒马尔罕（今属乌兹别克斯坦）之间的这条古老的商路命名为"丝绸之路"。按照复旦大学葛剑雄的观点，李希霍芬命名的"丝绸之路"是西方人向东方扩张的结果，而非中国商品主动向外输出的产物。

　　这之后，欧洲学者、日本学者又提出"海上丝绸之路""陶瓷之路""海上香料之路""茶叶之路"的概念。由于敦煌学者对丝绸之路的研究、普及、推广，在 20 世纪 80 年代"敦煌与丝绸之路"渐渐走进国际视野，国内外关于敦煌与丝绸之路的电影、出版物和展览等，都极大提高了世界对敦煌的关注度。

　　从古丝绸之路到"一带一路"，从欧洲文明到东方文明，穿越2000 年的历史时光，大国复兴的时代故事已经开始。"一带一路"是"丝绸之路经济带"和"21 世纪海上丝绸之路"的简称，是中国梦和世界梦的交汇桥梁。"一带一路"倡议体现了当今的时代主题，是秉持和平合作、开放包容、互学互鉴、互利共赢理念的国家倡议，共建"一带一路"是新时代外交思想的重要内容，是新时代全面推进中国特色大国外交的重要举措。"一带一路"倡议将充分依靠中国与有关国家既有的双多边机制，借助既有的、行之有效的区域合作平台，旨在借用古丝绸之路的历史符号，高举和平发展的旗帜，积极发展与沿线国家的经济合作伙伴关系，共同打造政治互信、经济融合、文化包容的利益共同体、命运共同体和责任共同体。2015年，联合国"海陆丝绸之路城市联盟"成立，是对"一带一路"国家倡议的积极响应。"海陆丝绸之路城市联盟"是在丝绸之路精神下，促进不同文化城市间的互动和交流，是实现"一带一路"的重要载体。联盟的成立，对于沿线城市，尤其是中国参与城市借鉴国际经验，打开国际市场，起到积极作用。

在"一带一路"倡议背景下，敦煌与丝绸之路及中西文化的交流成了学者研究的重点，敦煌也迎来了巨大发展机遇。2016年，首届丝绸之路国际文化博览会（图7）在敦煌举行，极大提升了敦煌的国际影响力。历史上，敦煌荟萃各大文明艺术之精华，其代表性文化遗址莫高窟正是古代国际文化交流的结晶。敦煌文化的灿烂，是世界各族文化精粹的融合，也是中华文明几千年源远流长不断融会贯通的典范。今天，敦煌也在"一带一路"建设中大放文化异彩。敦煌文化代表的多彩、平等、包容的观念，越来越成为更多人的共识，中国文化和而不同、和平共处的传统理念，对应对当前人类社会的种种痼疾、挑战，具有重要启示作用。如今，敦煌学的研究有在全世界开花结果的大好局面，敦煌在中国，敦煌学立足中国，放

图 7　2016 年　首届丝绸之路国际文化博览会开幕式

眼世界。敦煌作为延续千年的东西方文化交流中心，"一带一路"给敦煌文化发展带来新机遇，而敦煌文化也为"一带一路"建设提供了深厚的文化支撑。在新的时代背景下，随着"一带一路"倡议的不断深入，敦煌这座曾经的国际化城市必将焕发出新的光彩。

我们时时眷恋敦煌，思绪飞扬。敦煌究竟给我们留下了什么，不同的人眼里有不同的视觉和价值判断。敦煌是永远读不尽的，是永远读不厌的，也是永远想读的！那些研究敦煌、守护敦煌、献身敦煌的前贤们为我们做了精妙的注解：

常书鸿先生在《敦煌艺术与今后中国文化建设》中言："文化的命脉像一支千古不断的源流，从各自本土滋长出来，穿越一切阻障，融会贯通，曲折蜿蜒，时隐时现地奔腾前进，它由细流而小川，由小川而江河，终于变成一望无际的大海汪洋。文化当其健全生发的时候，总是像江流一般冲激汹涌、波涛滚滚；及至年湮代远，积流成海，往往沉滞寂静，无有力量。"

国立艺术院（今"中国美术学院"）首任院长林风眠先生提到敦煌壁画时说："你偶然见到敦煌石室的壁画，那是东方最好的美术品。是许多欧洲大画家理想中所追求而没有得到的东西，高更就是最明显的例子。"

翻译家傅雷先生看了敦煌壁画后感叹："整部中国美术史需要重新写过，对正统的唐宋元明画来一个重新估价。"

敦煌，俨然成为一个文化符号，它的层理结构像宇宙天体般复杂无穷，它是人类心灵的驿站，美国考门夫人在《荒漠甘泉》中的那句话"似乎忧愁，却常常是快乐的"回荡在我耳边，正适合我们今天对敦煌的期许！

推荐阅读：[德]李希霍芬：《李希霍芬中国旅行日记》，李岩、王彦会译，北京：商务印书馆，2016年；[美]波特：《丝绸之路》，马宏伟、吕长清译，成都：四川文艺出版社，2013年。